布おむつで育ててみよう

手作りおむつカバー（マジックテープ式）
※作り方は45・46ページ

手作りおむつカバー（スナップボタン式）
※作り方は47・48ページ

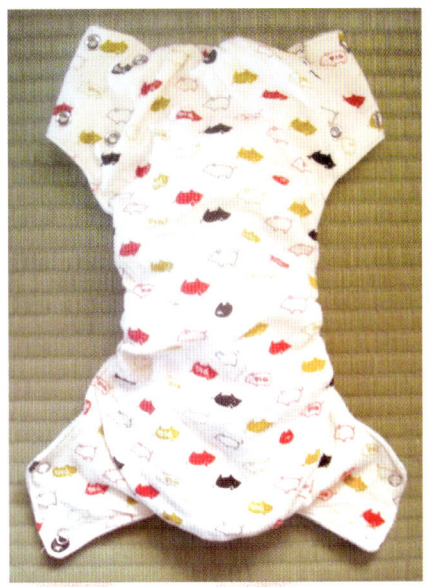

開いたところ

靴下レッグウォーマー
※作り方は50ページ

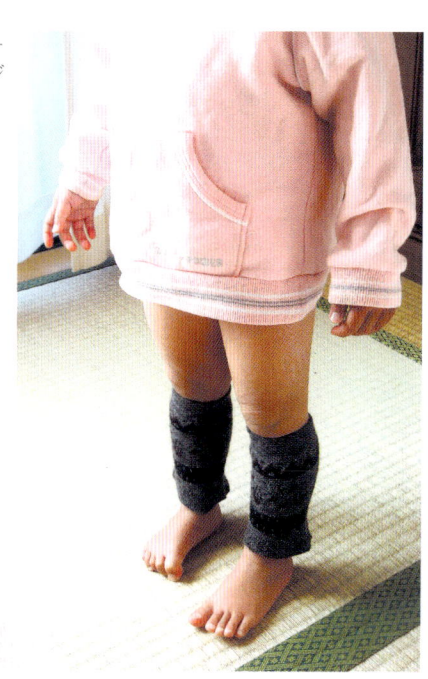

靴下ウールソーカー
※作り方は51ページ

布おむつで育ててみよう

草木染めのおむつ
写真左から、小豆、玉ねぎの皮、
ハイビスカス茶、紅茶染め
※作り方は53ページ

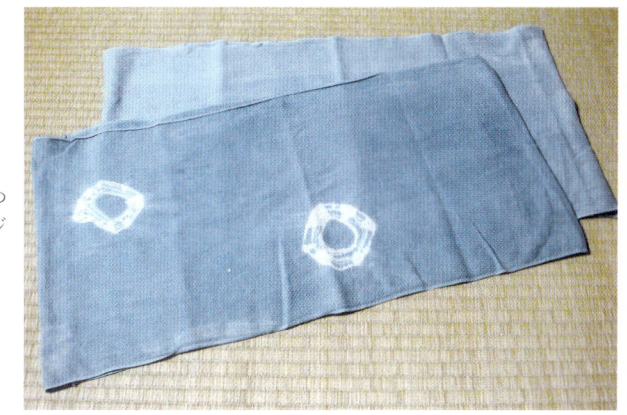

藍染めのおむつ
※作り方は54・55ページ

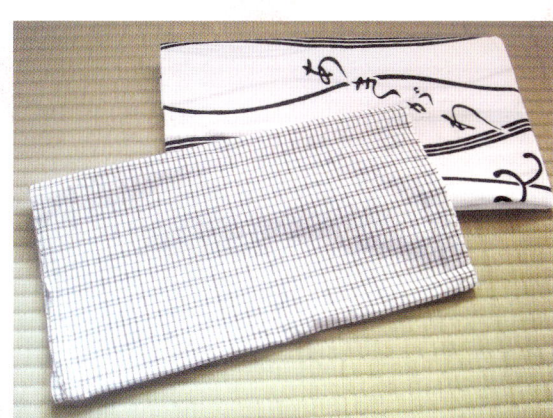

浴衣おむつ
※作り方は56ページ

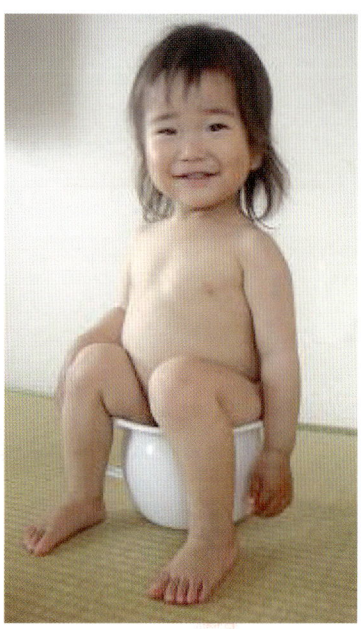

レトロ感覚のホーローおまる（製造・販売／株式会社オオモリ　http://www.e-omori.co.jp/）
※使い方は62〜65ページ

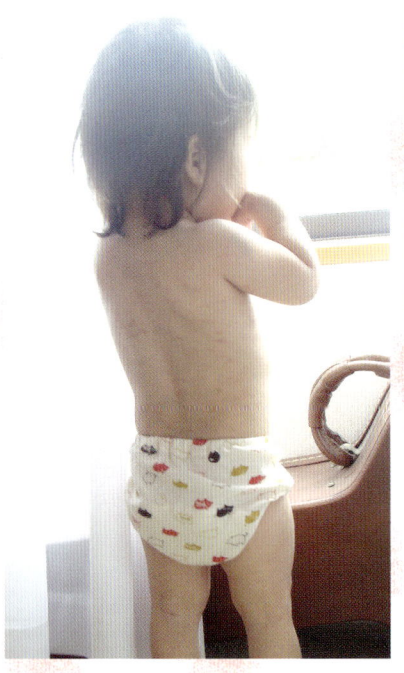

トレーニングパンツ
※作り方は69・70ページ

布おむつで育ててみよう

アズマ カナコ
Kanako Azuma

文芸社

布おむつで育ててみよう ＊ もくじ

はじめに　3

Part 1　布おむつの魅力

＊― 日本のおむつの歴史①　布おむつ編　　6
＊― 日本のおむつの歴史②　紙おむつ編　　6
＊― 布おむつの役割　7
＊― 布おむつのメリット　8
＊― 紙おむつについて　9
＊― おむつと環境問題　11
＊― ライフスタイルに合わせた布おむつの取り入れ方　12
＊― 布おむつと季節　12
＊― 布おむつの種類　13
＊― 布おむつの素材　14
＊― おむつカバーの素材　15
＊― 布おむつの柄　16
＊― 布おむつ育児にかかる費用　16
＊― お父さん（父親）の役割　18
＊― 貸しおむつについて　19
＊― 災害時にも利用価値の高い布おむつ　19

Part 2　布おむつを使ってみよう

＊― 出産前に用意するもの　22
＊― 布おむつの作り方　22
＊― 布おむつのあて方①　24
＊― 布おむつのあて方②　25
＊― 布おむつのあて方③　26
＊― 布おむつの洗い方　28
＊― 石けんと合成洗剤について　31
＊― 布おむつの黄ばみ・変色について　32
＊― 布おむつの干し方　33
＊― 外出時の携帯アイテム　33
＊― 布おむつ育児のハードル・夜間の工夫　35
＊― 赤ちゃんの排泄リズム　36
＊― 食事とうんちについて　37
＊― おしりふきについて　37
＊― におい対策に、みょうばん水　38
＊― おむつライナーとおむつネット　39
＊― スナッピーとおむつバンド　40

Part 3　布おむつライフを楽しもう

* ── おむつカバーの作り方　44
* ── おむつカバーの作り方《番外編》　49
* ── お役立ちアイテム①　靴下レッグウォーマー　50
* ── お役立ちアイテム②　靴下ウールソーカー　50
* ── 消しゴムはんこ柄のおむつ　52
* ── 草木染めのおむつ　52
* ── 藍染めのおむつ　54
* ── 浴衣おむつ　55
* ── 裸育児について　57
* ── おむつなし育児のすすめ　57
* ── EC（エリミネーション・コミュニケーション）について　58
* ── ベビーサインの効果　59

Part 4　らくらくトイレトレーニング

* ── レトロ感覚のホーローおまる　62
* ── ホーローおまるの使い方　62
* ── ホーローおまるの便座カバー　65
* ── ホーローおまる絵本　66
* ── 和式のホーローおまる　67
* ── トイレトレーニング　68
* ── トレーニングパンツ　68
* ── 即席トレーニングパンツ　70
* ── 布おむつを使い終わったら…　71

Part 5　布おむつ育児体験記

① 80代、東京都青梅市のおばあちゃんの体験談　74
② 87歳、東京都あきる野市の農家のおばあちゃんの体験談　74
③ 77歳、東京都あきる野市のおばあちゃんの体験談　76
④ 81歳、東京都立川市のおばあちゃんの体験談　78
⑤ 私の母（52歳）の体験談　78

【付録】手作りおむつカバー型紙サンプル①　マジックテープ式　80
【付録】手作りおむつカバー型紙サンプル②　スナップボタン式　81

おわりに　82

写真撮影・イラスト作成／アズマ　カナコ

はじめに

　昔、まだ紙おむつのなかった時代、母親はみな布おむつを使って何人もの子どもを育ててきました。
　私の祖母が子育てをした昭和30年代頃は、赤ちゃんのいる家庭では布おむつの洗濯物を干す光景は当たり前に見られたそうです。私の母が子育てをした昭和50年代頃も、まだ紙おむつは今ほど普及していなかったそうで、私もずっと布おむつで育ちました。
　数年前、妊娠中に祖母や母からそんな話を聞いたとき、それなら私も、紙おむつを一切使わずに昔ながらの子育てができるのではないかと思い、迷わず布おむつを使うことを決めました。そして出産前や後に、母や布おむつで子育てをしてきた方たちに使い方を教わり、現在布おむつを使っているママ友達と情報交換をしたり、ホームページや文献を調べたり、自分で工夫したりして、試行錯誤しながら子どもを布おむつのみで育ててみました。
　子どもがおむつを完全に卒業するまでの1年半の体験談や、布おむつに関することを紹介していきたいと思います。

Part 1
布おむつの魅力

*―― **日本のおむつの歴史①　布おむつ編**

　日本には戦前頃まで"小便ぶとん"というものがありました。これは、おしっこを専門に吸収する30×30cmくらいの四角い座布団で、寝ている赤ちゃんのおしりの下に敷いておくというものです。これを2〜3枚用意して、半日交替で干しては使い、使っては干すを繰り返していました。

　おむつが登場したのは江戸時代あたりから。木綿のおむつがちらほら使われはじめて、大正時代には今の輪おむつとして定着し、さらしのおむつが一般的に普及しました。

　使われはじめた当時は布は貴重であったので、古くなった浴衣などを利用しておむつを作っていました。その他に2〜3枚のさらしの布を用意して、うんちの時にちょっとふき取るためだけに使っていたそうです。当時は今と比べて家事労働に手間がかかり、洗濯も洗濯板を用いて手作業で行うものでした。そのため、その頃はおむつは早く取るほうがよいとされていて、子どもが2歳になるまでには、ほとんどの人がおむつをはずしていたそうです。

　明治時代になると、油紙と布を使った手製の巻きおむつカバーが作られました。大正時代には、ゴムの雨カッパを転用したおむつカバーが作られ、その後、ゴム製や防水布、ビニールが発明されてからは塩化ビニール製のおむつカバーが市販されるようになりました（しかし、これらは通気性が悪く、おむつの中がムレやすいという問題がありました）。

　第二次世界大戦後、ウールや木綿、化学繊維を素材にした様々なおむつカバーが作られるようになりました。

　現在、布おむつは綿100％のものがほとんどで、さらしやドビー織りの輪型のおむつが主流です。おむつカバーの素材としては、ウールのニット製のものや化繊のものなどがよく使われています。

*―― **日本のおむつの歴史②　紙おむつ編**

　1940年代、スウェーデンで紙おむつが考案され、1950年（昭和20年代後半）頃、日本で初めて紙おむつが発売されました。しかし、これはまだ紙綿を重ねて布で包んだだけのもので、おむつカバーと一緒に使うものでした。

Part 1　布おむつの魅力

　1962年（昭和37年）……　乳幼児用ライナー（布おむつの内側に敷く紙綿製のライナー）が発売されました。しかしこれは高価で、使い捨ての習慣もない時代だったので、あまり普及することはありませんでした。

　1963年（昭和38年）……　不織布と防水紙が使われた最初の本格的な紙おむつが発売されました（当時10枚入380円）。これは布おむつのような長方形の形をしていて、布おむつと併用するというものでした。

　1977年（昭和52年）……　アメリカから乳幼児用の紙おむつが輸入されて日本で販売されました。これはテープ式になっていて、おむつカバーとおむつの両方を兼ねてしまう新しい形でした。

　1981年（昭和56年）……　日本で作られたテープ式紙おむつが発売されました。この頃は、働く女性（母親）が増えた時代で、家事労働時間を減らせるものとして、テープ式紙おむつが注目され、普及していきました。

　1984年（昭和59年）……　高分子吸水材が紙おむつに採用されました（※高分子吸収材とは、1974年にアメリカで開発された白〜淡黄色の無臭の粉末。高い吸水性と保水性を持ち、自重の数百倍の水分を吸水し、一度吸水した水分は放出しにくい性質をもつもの）。

　1990年（平成2年）……　パンツ式紙おむつが発売されました。これは、下着のパンツのように一体成型した形で、立ったまま履かせることのできるものです。幼児用のおむつ離れを促すものや、幼児用の就寝時のおねしょ防止用など、様々なニーズに合わせた製品が販売されるようになりました。

　1985年（昭和60年）頃から急速に普及した乳児用紙おむつは、高い吸水力、薄くコンパクトな製品の開発が進み、現在、紙おむつの使用率は、おむつ全体の90％に達しています。一方、紙おむつの普及により減ってしまった布おむつですが、近年、環境問題やエコなどが注目されるようになり、洗って繰り返し使える布おむつは再び見直されてきているようです。

＊── **布おむつの役割**

　日本ではまだ紙おむつが普及していなかった頃、娘が嫁に行く時に親が麻の葉模様のおむつを縫って、嫁入り道具として持たせるこ

とがよくあったそうです。

　麻の葉模様は魔除けの模様とされていて、また、3か月で2m以上伸びる麻にあやかり、生まれてくる赤ちゃんがまっすぐ大きく成長するようにと願う親の気持ちが込められていました。

　出産前の女性は浴衣などを縫っておむつを作りました。昔は、新しい木綿の生地は貴重であったこと、また古い布ほど柔らかく肌触りもよいので、おむつには着古した浴衣がよく利用されました。

　おむつは「襁褓(むつき)」という漢字に由来し、「強く包む」とか「温かく包む」という意味が込められていたそうです。

　おむつは赤ちゃんが生まれて一番最初に包まれる布でした。

　赤ちゃんは布に包まれると安心してすやすや眠ることを知っていた昔の人たちは、おむつの他にも、おくるみやねんねこ半纏(はんてん)などを使い、赤ちゃんは布に包まれて護られながら育ちました。

　布おむつは排泄物を受け止めるだけではなく、赤ちゃんを包んで護る役割もあったのです。

＊── **布おむつのメリット**
　私が使ってみて感じた布おむつの魅力をあげてみます。

＊**肌に優しい**……綿素材でできているので、赤ちゃんの肌に優しく安心して使える。

＊**環境に優しい**……洗って繰り返し使えてゴミが出ない（洗う際にお風呂の残り湯や、洗剤も自然素材の石けん・重曹などを利用すれば、より環境に優しいです）。使い終わっても、次の子が生まれた時に再利用したり、他の人に譲ってあげたりもできる。自分の布ナプキンやぞうきんなどに作りかえて、他の用途としても利用できる。

＊**お財布に優しい**……初期投資だけで済むので、定期的におむつを買うお金や手間がかからない。おむつは反物や生地から自分で縫って作ればさらに安上がり。また、着なくなった浴衣などを利用しておむつを作ったり、おむつカバーも手作りすることができる。

Part 1　布おむつの魅力

＊**おむつ離れが早い**……赤ちゃんがおむつの濡れた感覚を自覚できて知らせてくれたり、親も赤ちゃんの排泄の間隔をつかみやすいので、紙おむつに比べておむつ離れが早い。おむつを早く卒業できれば、その分おむつ処理の手間がなくなり楽になる。

＊**コミュニケーション効果がある**……おむつが濡れると泣いたり知らせてくれるので、おむつ替えが親子のコミュニケーションの１つになる。おむつ替えの回数が多くなるので、それだけ赤ちゃんへのスキンシップが増える。まめにおむつ替えをすることで、赤ちゃんの状態をよく観察することができ、親が赤ちゃんのサイン（欲求）に気づく訓練になる。

＊**赤ちゃんの機嫌がよくなる**……布おむつを使っているうちに、親が赤ちゃんのサイン（欲求）や排泄パターンをつかんで、おむつを濡らす前に、おまるやトイレなどで排泄させてあげることができると、赤ちゃんが、おしりが不快で泣いたりぐずることが少なくなる。

＊──　**紙おむつについて**

　紙おむつは吸収材を使うことにより大きな吸収力を持ち、排泄物の水分を多量に吸収します。直接肌に触れる部分は不織布（主にプラスチックが原料）でできています。吸収材は、ポリエチレンから作られる防水材で包まれています。これは水分が漏れるのを防ぐため、６時間程度の防水能力が持続するように作られています。

　紙おむつは、表面材、吸収材、防水材、外装材など様々な材料から構成されており、主にプラスチックを原料とした石油化学製品でできています。製品構造や素材の種類などはメーカーによって異なり、複数の素材で構成されている場合は主たる素材名のみの表示でよいとされ、全ての素材が明らかではないため、安全性には不安が残ります。

　紙おむつの主役は吸収材で、一般にアクリル系の高分子吸収材が使われています。これは自重の数百倍の水分を吸収してゼリー状になり、一度吸収した水分はしみ出さないという性質を持っています。ちなみに生理用ナプキンも紙おむつと同様の素材でできています。

紙おむつの機能としては、排泄物により肌着や布団が汚れるのをくい止める機能や、排泄物の臭気をなくす機能、長時間の防水持続機能などがあります。そのため、処理までの時間に余裕ができ、母親や世話をする人の手間やストレスが軽減されるという側面もあります。

【紙おむつのガイドラインより】
① **紙おむつの構造**

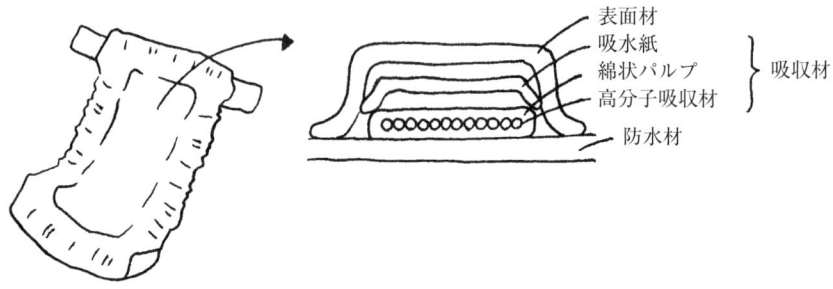

② **紙おむつの使用素材一覧** (紙おむつの表示ガイドラインより)
《表面材》ポリオレフィン系不織布、ポリプロピレン不織布、ポリエチレン／ポリエステル不織布、レーヨン不織布など
《吸収材》綿状パルプ、吸収紙、アクリル系高分子吸収材など
《防水材》ポリエチレンフィルム、ポリエチレンラミネート紙、ポリエチレンラミネート不織布、ポリウレタンラミネート不織布など
《止着材》ポリプロピレン、ポリプロピレン／合成ゴムなど
《伸縮材》ポリウレタン、天然ゴム、合成ゴムなど
《結合材》スチレン、スチレン／イソプレンなど
《外装材》ポリエチレンなど
※複数の素材で構成されている場合は、主たる素材名を表示する
→ **全て表示する義務がないので、消費者にはどんな素材が使われているかわかりません。**

③ **使用後の処理** (紙おむつの表示ガイドラインより)
・汚れた部分を内側にして丸めて、**不衛生にならないように処理してください。**

Part 1　布おむつの魅力

・使用後の紙おむつの廃棄方法は、お住まいの地域のルールに従ってください。
→ 紙おむつのゴミ処理法は、現在、決まったものはなく、自治体によってばらばらです。多くの自治体で行われている焼却処理は他のゴミに含まれる物質と結びついてダイオキシンの発生原因にもなり、埋め立て処理も分解するまでには数百年を要します。

④ **紙おむつの交換の目安**（紙おむつの表示ガイドラインより）
・新生児用、Sサイズは尿が出たらすぐ取り替える（1日10〜12枚）
・Mサイズからは昼間は3時間おき程度、夜間は7〜8時間おき程度（1日7〜8枚）
→ 大手育児雑誌の調査によると、1か月の平均のおむつ代は約5,000円。実際の交換枚数は、目安に記されているものよりも少ないようです。

　布おむつも紙おむつも、それぞれに長所や短所があると思います。紙おむつは、もともと育児の負担を軽くするために作られたものです。お母さんの体調が悪い時や仕事をしなければならない時などに育児の助けになることもあると思います。それぞれの性質を見極めて、自分のライフスタイルに合わせて、使い分けてみてください。

＊── **おむつと環境問題**

　現在、日本の乳幼児用紙おむつの年間生産量は約78億4000万枚（2007年、日本衛生材料工業連合会ホームページより）です。紙おむつが1枚45gとして単純計算しても、約35万2800ｔ、使用済みの紙おむつが1枚平均150ｇとして計算すると、1年間に約117万6000ｔのゴミが出ていることになります。一人の赤ちゃんが全て紙おむつで育てられた場合、おむつを卒業するまでに、一人当たり約1〜2ｔのおむつのゴミが出ることになります。
　紙おむつは一般ゴミとして扱われ、日本では主に焼却処分されていますが、水分を吸って重さは数倍になり、水分や汚物が多いとその分焼却するのに多くのエネルギー（CO_2）を使います。また、使用済みおむつの水分や汚物による燃焼温度の低下、パルプの漂白の

際に使われる塩素からダイオキシンが発生する恐れがあります。
　布おむつも、洗う際に水を必要としますが、洗い方や洗剤の使い方を工夫することで水質汚染を少なくすることができます。布おむつを使う時、ぜひ洗い方も一緒に考えてみてください（洗い方については、28ページ参照）。

＊── ライフスタイルに合わせた布おむつの取り入れ方

　布おむつに興味はあっても、全て布おむつにするのは自信がなかったり、事情があって難しいという方もいると思います。そこで、ライフスタイルに合わせた布おむつの取り入れ方をいくつか紹介したいと思います。
① 夜寝る時は紙おむつを利用するが、日中は布おむつにする。
② 保育園では紙おむつだが、土日の休みの日は布おむつにする。
③ お出かけする時は紙おむつを利用するが、家にいる時は布おむつにする。
④ 普段は布おむつだが、忙しい時や、疲れたり体調の悪い時は紙おむつを利用する。
⑤ レンタルの布おむつを利用してみる（布おむつのレンタルについては、19ページ参照）。
　布おむつで育児に負担を感じたり、余裕がなくなって育児や生活に支障が出るようであれば、完璧にやろうとしたり、無理に続ける必要はないと思います。赤ちゃんと自分とのバランスを考えながらそれぞれに合った方法を見つけてください。

＊── 布おむつと季節

　住んでいる地域や赤ちゃんの生まれた季節にもよりますが、日本には四季があるので、季節や気候によって、布おむつ育児が楽な時期や大変な時期があります。
　春から秋までは比較的暖かいので、薄着で過ごしやすく、おむつ替えやおむつ洗いもそんなに大変な季節ではありません。ただ、梅雨時は雨の日が続くと、洗ったおむつが乾かず困ることもあります。

Part 1　布おむつの魅力

　夏は、洗濯物もすぐに乾き、薄着で過ごせるので、おむつをはずすのには最も適した季節です。裸で過ごさせてみてもよいでしょう。汗もかくので、おしっこの回数や量も少なくなります。おむつをつけていると、汗でムレておしりがかぶれてしまうこともあるかもしれません。うんちをしたら、そのまま風呂場に連れていって、おしりを洗ってしまうと楽です。

　秋に入ると、空気が乾燥してくるので、うんちの回数が少なくなり、便秘ぎみになる子もでてきます。涼しくなるので、おしっこの回数や量も増えてきます。

　冬は寒くなり、厚着になるので、他の季節に比べておむつ替えやおむつ洗いが少し大変になります。洗濯物も乾きにくくなるので、乾かなかったおむつは、こたつに入れたり、ストーブで暖めて乾かすなど、工夫してみるとよいかもしれません。

＊── 布おむつの種類

　現在、布おむつは主に成形おむつと輪おむつの2種類があります。以下に、それぞれの特徴をあげてみます。

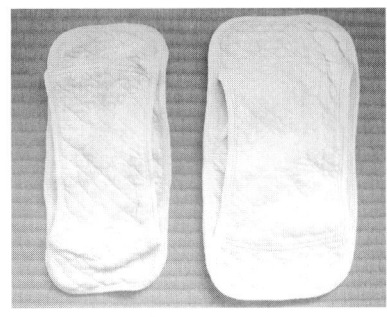
成形おむつ（左から小・大）

輪おむつ

【成形おむつの特徴】
・そのままカバーの上にのせるだけで使える。
・洗濯後、たたんだりする手間がかからない。
・厚みがあり、吸収力に優れる。
・コンパクトなのでお出かけの時などに便利。
・厚手なので輪おむつよりも乾きが遅い。

【輪おむつの特徴】
・乾きが早い。
・折りたたんで自由に形が変えられる（必要に応じていろいろな折り方ができる）。
・使い終わってからも、ぞうきんや布ナプキンなど他の用途に使用できる。
・成形おむつに比べて１枚あたりの値段が安い。

　私は、反物から輪おむつを作って使っていましたが、市販の完成品のおむつを購入してもよいですし、自分で作ってもよいと思います。
　成形おむつも、生地を何枚か重ねて厚くして縫えば、作ることも可能です。どちらか１種類のおむつがあれば充分ですが、両方あれば、好みに合わせて使い分けたり、組み合わせて使うこともできます。
　もし両方持っていれば、たたんだ輪おむつの間に成形おむつをはさんで使うと、吸収力がアップするので、夜間の漏れ対策などに便利です。
※他に、海外製のもので、一体型おむつというものもあります。これは、おむつとカバーが一体になったもので、紙おむつのように使うことができます。しかし、洗濯したおむつが乾きにくかったり、その都度交換するため枚数が必要になり、費用がかかるという欠点があります。海外製のおむつも、最近はインターネット上の輸入おむつの専門店などで、簡単に購入することができるようになっています。

＊── **布おむつの素材**
　布おむつの素材は、一般的にさらしかドビー織りの綿でできています。以下に、それぞれの特徴をあげてみます。
【さらし】
　平織りの綿布をさらして作った"さらし木綿"の生地でできたものです。浴衣やふんどしなどによく使われる生地で、昔から布おむつの生地としても利用されてきました。薄手で通気性に優れ、丈夫で洗濯に強く、乾きやすいという特徴があります。
【ドビー織り】
　特殊な装置を使って織られた、表面に凹凸のある立体感のある生

Part 1　布おむつの魅力

さらし

ドビー織り

地です。肌触りがよく、乾きやすく、吸収力や通気性に優れます。布おむつは現在、このドビー織りのものが主流になっています。

＊── おむつカバーの素材

おむつカバーの素材は、現在、天然繊維から合成繊維まで様々な種類があります。以下に、主なものの特徴をあげてみます。

【ウール（羊毛）】

天然の繊維で、肌触りがよく通気性に優れています。天然の抗菌作用と防水性を持ち、夏は涼しく冬は暖かい断熱効果もあるので、季節を問わず一年中使えます。他の素材のおむつカバーに比べて値段は高めで、洗濯しているうちに若干縮むという性質があります。おしっこで濡れるとしめっぽくなったり、防水性は合成繊維に比べてやや劣ります。

【綿】

天然の繊維で、通気性がよく肌に優しいので、デリケートな肌の赤ちゃんにも使いやすい素材です。値段も手頃ですが、しみたり濡れたりしやすいので、枚数を多めに用意するなど工夫が必要です。防水加工をして、綿の風合いは残したまま、漏れにくくなっているものもあります。

【ポリエステル・ナイロン】

合成の繊維で、防水性が高くて漏れにくく、洗濯にも強くてすぐ乾くという素材です。薄手で軽く、他の素材に比べて値段も安いですが、通気性が悪くムレやすいという面もあります。

【フリース】

　フリースは、もともと羊から刈り取ったままの形の羊毛のことですが、現在は主に紡績工程中における薄いシート状の繊維群のことを指し、ペットボトルなどから再生されるポリエステルが多く使われています。これは合成の繊維ですが、柔らかくて汚れや水分がつきにくく、汚れ落ちもよいのが特徴です。保温性があるので、どちらかというと寒い時期に向いている素材です。

＊── 布おむつの柄

　布おむつには、かわいい柄のプリントされたものも市販されています。私は、ずっと無地の布おむつを使ってきましたが、近所の方から、お下がりでかわいい柄のおむつをいただきました（右写真。20数年前のものだそうです）。

　柄のプリントされたおむつは、布おむつを取り扱っているお店や、インターネットのフリマやオークションなどで手に入れることができます。仕立ててあるものもありますが、反物の状態のものもあります。

　こんなにかわいい柄の布おむつなら、使うのも洗濯するのも楽しくなりそうです。布おむつ育児を挫折しそうな時、お気に入りの布おむつやおむつカバーでモチベーションを上げてみてもよいかもしれません。興味のある方は、ぜひ好みの柄のおむつを探してみてください。

＊── 布おむつ育児にかかる費用

　布おむつ関係で、今までにかかったおおよその費用を、我が家の場合の1例として計算してみました。金額は、もらいものやお下がりを利用する場合や、こだわってオーガニックコットン製やブランドのものを選択する場合などによって安くも高くもなりますが、1つの目安として参考にしてみてください。

Part 1　布おむつの魅力

◎ **布おむつ代**
・ドビー織りの反物3反（1反＝約7枚分）…＠1,000×3＝3,000円
（※仕立て済みのものだと10枚で2,000円くらいです）
・もらいものの輪おむつ約30枚…0円

◎ **おむつカバー代**
・ウールのカバー（50〜70サイズ 計7枚）…＠2,000×7＝14,000円
（※おむつカバーは、素材やメーカーによって500円〜3,000円くらいのものまで様々）
・もらいもののカバー（50〜80サイズ 数枚）…0円
・手作りおむつカバー…0円（材料代は含まず）

◎ **洗濯代**
・粉石けん1kg（約3袋）…＠600×3＝1,800円
・重曹1kg（約3袋）…＠500×3＝1,500円
・酸素系漂白剤1kg（約1袋）…＠500×1＝500円

◎ **その他のアイテム**
・パラソルハンガー…＠1,000×1＝1,000円
・蓋つきバケツ…＠500×1＝500円
・ガーゼハンカチ（おしりふきに使用、20枚入）…＠400×1＝400円

　　　　　　　　　　　　　　合計　約22,700円（税別）

　これに、おむつを洗う水道代（主にお風呂の残り湯を利用）と汚物を流す下水道代を足した金額が、我が家の布おむつ使用時にかかった費用になります（※おむつの使用期間1年半、金額は100円単位でだいたいの金額で計算しています）。
　もしも仮に全部紙おむつを使った場合の費用も、計算してみました。

① **紙おむつを1枚40円として、1日平均8枚使用したとすると…**
・1年半で、40円×8枚×365日×1.5年＝175,200円
・2年で、40円×8枚×365日×2年＝233,600円
・3年で、40円×8枚×365日×3年＝350,400円

② **大手育児雑誌のアンケートによる1か月の平均おむつ代（5000円／月）で計算すると……**
・1年半で、5,000円×18か月＝90,000円
・2年で、5,000円×24か月＝120,000円

・3年で、5,000円×36か月＝180,000円

　この他に、おむつ関連でかかる費用として、使い捨てのおしりふき代や、自治体によっては、紙おむつのゴミ捨て時の有料ゴミ袋代などがあります。

　布おむつは、最初にある程度必要なものをそろえるので初期投資はかかりますが、長期的に見るととても経済的です。さらに第2子以降になると、そのまま上の子のお下がりで間に合うので、おむつの費用はほとんどかからなくなります。

＊── お父さん（父親）の役割

　昔は、家におじいちゃん、おばあちゃんが一緒に暮らしていたり、近所づきあいがあって、普段、お母さん以外に赤ちゃんの面倒をみる人が近くにいる家庭がほとんどでした。今は、近所づきあいも少なく、若い夫婦と赤ちゃんだけで暮らす核家族のほうが圧倒的に多いのではないでしょうか。

　日中、お父さんが仕事に出てしまい、お母さんが長い時間を1対1で赤ちゃんと過ごし、一人でお世話をしていると、布おむつは負担に感じてしまうこともあると思います。そうならないためにも、お父さんにも、布おむつの交換やおむつ洗いなどをひととおり覚えてもらうとよいと思います。妊娠中に地域や産院で行われる両親学級などで教えてもらえる機会もあるので、上手に利用してみてください。

　普段、仕事から帰ってきた後、または休日で家にいる時にお願いしたり、仕事が忙しくていつもはお願いできなくても、お母さんが疲れている時や体調を崩した時などに、代わりに赤ちゃんのおむつをみてもらえるだけでも、ずいぶん負担が軽くなると思います。

　我が家も、布おむつの交換からおむつ洗い、おまるやトイレに連れていったり、夫がいる時は、よくやってもらいました。そのお陰で、私が体調を崩した時や、疲れて余裕のない時なども、何とか布おむつだけで乗りきることができました。

Part 1　布おむつの魅力

＊── 貸しおむつについて

　産院によっては、入院中に紙おむつではなく布おむつを使わせてくれるところもあります。主にそういった産院で利用されているのがレンタルの貸しおむつですが、レンタル会社によっては個人向けに貸しているところもあります。

　貸しおむつとは、会社と契約をして、週に一度、新しい布おむつを持ってきてもらい、それと交換で使用済みのおむつを回収してもらうシステムのことです。使用済みのおむつを専用の袋などに入れるだけで、洗ったり干す手間もいらず、手軽に布おむつを利用することができます。

　金額は、使用枚数に応じて、または週単位の固定金額など、会社によっていろいろ選択できるようです。布おむつにしたいが、洗う時間や手間がとれない方や、産後しばらくの間、慣れるまではレンタルして試してみたり、いざという時に利用してみてもよいと思います。

　貸しおむつの情報は、布おむつを利用している産院で聞いたり、インターネットなどで探すことができます。

＊── 災害時にも利用価値の高い布おむつ

　災害に備えて防災アイテムを用意されている方も多いと思います。赤ちゃんのいる家庭では紙おむつが防災アイテムの1つとして勧められていますが、普段布おむつを使っている方は、ぜひ布おむつを防災アイテムとして用意してみてはいかがでしょうか。

　布おむつなら、いざという時、おむつとしてだけでなく布として利用することもでき、また、シーツや古着、タオルなどをおむつ代わりにして間に合わせることもできるので、とても便利です（いらなくなった古着などを用意しておけば、汚れた時にそのまま捨てることもできます）。

　また、この布おむつは、お母さんの生理用ナプキンに代用することもできます。ナプキンとしての使い方はおむつと同じで、適当な大きさに折りたたんでショーツにはさんであてるだけなので簡単です。

　防災の備えをすでにされている方も、これからされる方も、ぜひ検討してみてください。

Part 2
布おむつを使ってみよう

*── **出産前に用意するもの**

　布おむつをはじめるにあたって、私が最初に用意したものを紹介します。
＊蓋つきのバケツ
＊輪型のパラソルハンガー
＊おむつカバー……国産のウール素材のもの50、60サイズを各3枚ずつ
＊輪おむつ……綿100％のドビー織りの反物50枚くらい
＊粉石けん、重曹、酸素系漂白剤……普段洗濯で使っているもの

　これらは妊娠中に用意しました。
　最初は何をどれだけ準備すればよいか迷いますが、子どもの成長もそれぞれ違いますし、使い勝手や好みも使っていくうちにわかってくるので、最低限必要なものを用意して、必要に応じて買い足していくとよいと思います。
　探してみると、布おむつを買ったり、もらったけど使わなかった人や、途中で布おむつをやめてしまった人、使い終わったお古を持っている人も意外といるので、まわりに先輩ママさんがいたら声をかけてみるとよいかもしれません。
　ネットのフリマやオークションなどでも出ていることがあるようです。私もおむつカバー数枚と布おむつ数十枚を、知り合いから譲っていただきました。最初はもらい物からはじめられると、初期投資やおむつを縫う手間なども減って、はじめやすいかもしれません。

*── **布おむつの作り方**

　布おむつをはじめるにあたって、まず最初におむつを準備しなくてはいけません。布おむつは、仕立て済みのそのまま使える状態になっているものを購入する（または知り合いから譲ってもらう）か、反物から自分で作ってそろえることができます。
　忙しくて時間のない場合は仕立て済みのものを利用すると便利ですが、自分でも簡単に作ることができます。私も、出産前に布おむ

Part 2　布おむつを使ってみよう

つを、出産後におむつカバーを手作りしました。

　手作りすると、買うよりも安上がりで済みますし、自分の作ったおむつに愛着がわいて布おむつ育児が楽しくなったり、赤ちゃんのことを考えながらおむつ布をチクチクする時間は心を豊かにしてくれます。ぜひ、妊娠中や赤ちゃんが眠っている時間などを利用して、布おむつを作ってみてください。

　作り方を紹介します。

《材料》

　さらしの反物やおむつ用の生地（ドビー織りの綿生地が使いやすいです）。

《必要な道具》

　ミシンまたは手縫いの場合は手芸糸と縫い針、裁ちばさみ、ものさし、まち針など。

※1つの輪おむつを作るのに約140cmの生地を使います。用意する生地の量は140cm×作る枚数になります。さらしの反物は、だいたい1反（約10m）から2反（約20m）で販売しています。反物1反から7枚の輪おむつを作ることができます。

【布おむつの作り方】

① おむつ用の反物を約70cmの長さで折りたたんで、片側の折り目だけを裁断します。

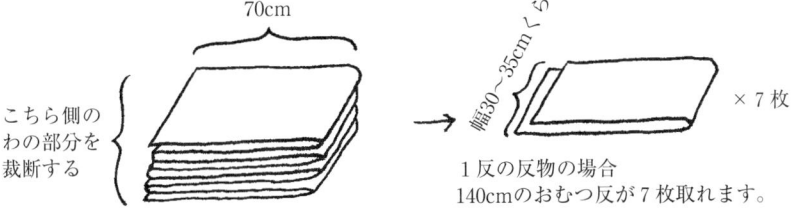

② 70cmに2つ折りにしたおむつ反を1cmずらして、そこからさらに1cm下の部分を縫います。

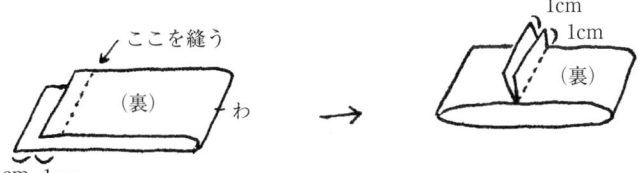

③ 長いほうの縫いしろを短い縫いしろにかぶせるようにして、縫い目のところまで折り、縫い目のところでもう一度折ります（伏せ縫い）。

④ 折りたたんだところを押さえるように縫います。

⑤ 表に返して完成。

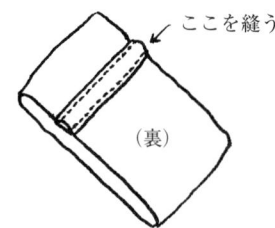

✱── 布おむつのあて方①

　私が助産院で教わった布おむつのあて方を紹介します。
　まず、輪おむつを2枚用意します。
　1つを四つ折り（半分に折って、それをさらに半分に折ります）にします。もう1つのおむつを中央に向かって左右を対角線に半分に折り、三角形にします。

①輪おむつを2枚用意して、1枚を四つ折り、もう1枚を三角に折ります。

②おむつカバーの上に2枚の輪おむつを重ね、赤ちゃんのおしりの下に敷きます。

Part 2 布おむつを使ってみよう

③おむつの手前を赤ちゃんのおしりに沿わせます。

④おむつの左右を赤ちゃんのお腹に巻きつけます。

⑤カバーを留めて完成。

おむつカバーの上に、三角形のおむつ、四つ折りのおむつの順に重ねて、赤ちゃんのおしりの下に敷きます。手前を赤ちゃんのおしりに沿わせてあてて、三角形の左右をお腹のほうへ巻きつけます。その上からおむつカバーを留めて完成。カバーからはみ出たおむつは、カバーの中に入れておきます。

このあて方は、おむつがしっかり留まってずれにくく、お腹に厚みがあって温かく、吸収力があるのが特徴です。あらかじめ、おむつの四つ折りと三角形を何セットか作ってストックしておくと、使う時にすぐに取り出せて便利です。

＊── 布おむつのあて方②

私の母から教わったやり方です。

まず、輪おむつを1枚用意して、半分に折ります。半分に折ったおむつの両端を内側に折り（谷折り）、折ったところの半分のところを外側に折り返します（山折り）。これで、おむつの両端にギャザーがついた形になります。これをおむつカバーに乗せて、赤ちゃんのおしりの溝をおむつの溝に沿わせるようにあてます。おむつが長くて、カバーからはみ出る場合は、おむつの端を少し折り返します。

このやり方は、両端にギャザーをつけることで、溝の中にうんちがたまり、うんちが横から漏れるのをかなり防ぐことができます。このあて方は、うんちがやわらかくて、回数も多い新生児の頃に便利です。

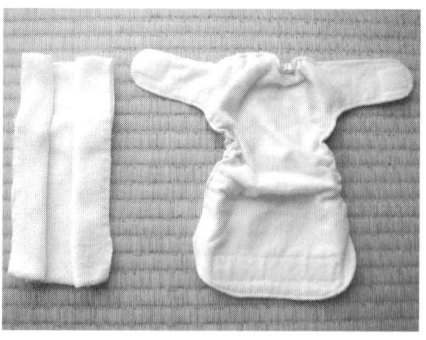

①輪おむつを1枚用意して、両端を折ってギャザーをつけます。

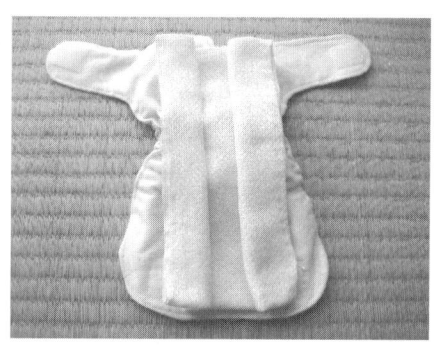

②おむつカバーの上に乗せて、赤ちゃんのおしりの下に敷きます。

③ギャザーの溝を赤ちゃんのおしりに沿わせるようにあてます。

④カバーを留めて完成。

*────**布おむつのあて方③**

　私が一番よくやっていたやり方で、おむつを折りたたむ手間や洗濯の枚数も減らすことのできる一番シンプルなあて方です。
　さらしのおむつを1枚用意します。四つ折りにして、おむつカバーの上に乗せて、カバーを留めて完成。

Part 2　布おむつを使ってみよう

四つ折り

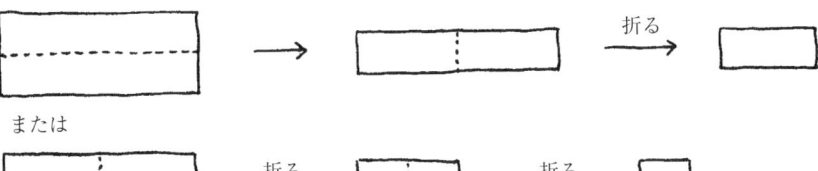

または

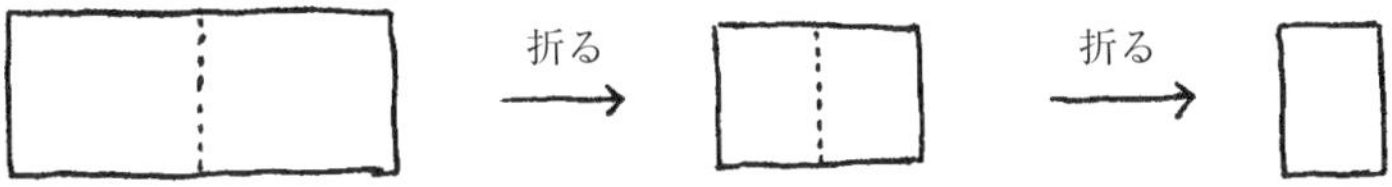

※この時、おむつが長ければ、男の子はおしっこが前方に飛ぶので前側を折り返して厚く、女の子はおしっこが後ろに伝うのでおむつの後ろ側を折り返して厚くするとよいでしょう。

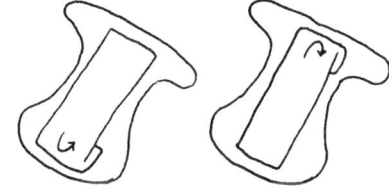

男の子の場合　　女の子の場合

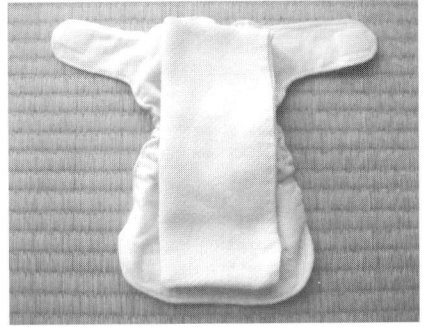

①輪おむつを1枚用意して、四つ折りにしておむつカバーの上に乗せます。

カバーの上におむつを乗せるだけなので、動いているうちに多少ずれてしまうこともありますが、おしっこの量が少なくて回数の多い新生児の頃や、おしっこがおむつ以外でできるようになってきた頃に予防でつけておく時などは、これで充分だと思います。

夜や、おしっこの量が多いときは、漏れ防止のために2枚重ねにしてあててもよいでしょう。

ねんねの頃は、赤ちゃんの背中におむつの縫い目の部分が当たらないように注意してあげてください。

②赤ちゃんのおしりの下に敷きます。

③カバーを留めて完成。

*── **布おむつの洗い方**

　我が家の布おむつの洗濯方法を紹介します。
　まず、使う材料について紹介していきます。

１．石けん

《役割》……汚れを繊維から引きはがし落とす。

　石けんは汚れを繊維から引きはがし浮かびあがらせる界面活性剤の一種です。古くから使われてきたもので、廃水は炭酸ガスと水に分解されます。

２．重曹

《役割》……石けんの泡立ちをよくしたり、体臭や汗のにおいを中和する。軽い汚れ落としにもなる。

　ベーキングソーダとも呼ばれ、昔からパンやケーキを焼く時や野菜のアク抜き、黒豆を煮る時などに使われてきたものです。もともとは、干上がった湖から掘りだされる天然のミネラルです。

３．酸素系漂白剤

《役割》……黄ばみを抑える。しみついた汚れを浮きあがらせる。

　漂白剤には、塩素反応を利用した「塩素系」と活性酸素を利用した「酸素系」があります。酸素系は塩素系に比べて作用が穏やかですが、刺激臭もなく、肌にも優しく、環境へのダメージも少なく、使いやすいのが特徴です。

※私は主に以上の３つを使ってきましたが、他にもよい材料がいろいろあります。知っているものをいくつか紹介したいと思います。

４．クエン酸（またはお酢）

《役割》……リンス代わりに洗濯物をふんわり柔らかくする。黄ばみ防止にも。

　酸味をつける調味料や保存料、入浴剤の原料などに使われていて、手肌にも優しい素材です。酸性で、石けんや重曹のアルカリを中和する効果があります。

5．ランドリーリング

洗濯物と一緒に入れることで水の対流を起こし、汚れを落とすというアイテムです。半永久的に使用でき、洗剤もいらず、すすぎも必要ないので節水にもなります。これだけでは汚れ落ちが心配な場合は、石けんなどを通常の半分程度にして併用してもよいでしょう。

6．EM菌

EMとは、有用微生物群という意味で、自然界にいる安全で有用な微生物（乳酸菌や酵母菌など）を集合させた液体状のものです。微生物の働きで、においを消したり、汚れを落としたり、水質浄化の効果もあります。これを水に少量加え、石けんと併用しておむつのつけ置きや洗濯に利用します。消臭スプレーとして利用してもよいでしょう。

7．マザータッチ

EM菌にミネラル水とハーブ液を加えた洗剤です。全て天然のもので作られていて、石けんよりも肌の刺激が少なく、肌の弱い人でも使えます。微生物の働きで、洗浄、消臭作用に優れ、排水も浄化する効果があります。水で薄めて消臭スプレーにしたり、おもらしの汚れ落としや、におい消しにも使えます。

次に、おむつの洗い方を紹介します。

1．おしっこの場合

蓋つきのバケツを用意して、その中に重曹と洗濯用石けん（粉または液体）を少量入れ、お風呂の残り湯を注いで溶かしておきます。おしっこで濡れたおむつをそのバケツの中に入れていきます。1日分たまったら、洗濯する時に、他の洗濯物と一緒に洗濯機で洗います。

① 石けんと重曹を、お風呂の残り湯によく溶かし、この中に濡れたおむつを入れていく。
② 1日分たまったら、他の洗濯物と一緒に洗濯機で洗う。

2．うんちの場合

うんちの時は、固形物はトイレに流し、浴室などで軽く手洗いします。トイレの水で、さっと洗ってしまってもよいでしょう。洗面器やたらいなどの容器に重曹少々とお風呂の残り湯を入れ（重曹水）、その中に数時間つけておきます。洗濯する時に、再び軽く手洗いして（重曹につけ置きすることで、しみや汚れが落ちやすくなります）、他の洗濯物と一緒に洗濯機で洗います。

① うんちをしたら、洗面器などに重曹水を作る。
② 固形物はトイレで振り落とし、浴室やトイレで軽く洗ったあと、重曹水にしばらくつけ置きしておく。
③ 洗濯する時に洗面器から取り出して再び軽く手洗いして、他の洗濯物と一緒に洗濯機で洗う。

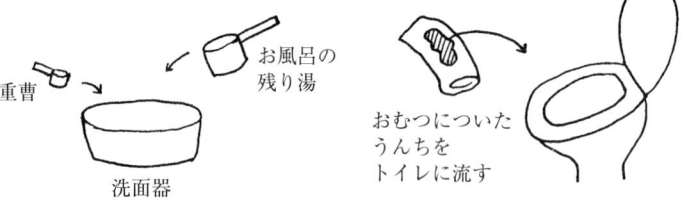

3．おむつカバーについて

おむつカバーは基本的に汚れがついた時やしめってきたら洗濯します。枚数が少ない時は手洗いしてその都度干しますが、枚数に余裕があれば、洗濯ネットに入れて、洗濯の時に洗濯機で他の洗濯物と一緒に洗います。マジックテープ式のカバーは、テープの部分が傷みやすいので、テープを留めた状態で洗濯をします。私は、うんちで汚れなければ、たいていおむつカバーは1日中同じものを使っていました。

ちなみに、つけ置きは必ず1日以上は置かないように心がけてください（私は、朝、つけ置きの準備をして、その日に出たおむつは、翌朝洗濯するようにしていました）。もし1日以上洗濯できない場合は、つけ置きの水を取り替えるようにしてください。そのままにしておくと水がにおったり、おむつが変色する原因になります。

重曹は、汚れやにおいを落とす効果があり、石けんと併用すると効果がアップします。その場合は石けんは少量で大丈夫です。汚れが気になる時は、酸素系漂白剤を時々使用してみてもよいでしょう。

Part 2 布おむつを使ってみよう

＊── 石けんと合成洗剤について
① 石けんについて

　石けんは、動物の脂と木の灰から生まれました。紀元前3000年頃、古代エジプトで発見され、以来、現在まで世界中で使われてきました。自然素材から作られる石けんの排水は、微生物などの働きで、1日で水と炭酸ガスに分解され、そのまま自然界へ戻っていきます。

　石けんが日本に入ってきたのは1543年（天文12年）。ポルトガルの宣教師たちが持ってきたものでした。1873年（明治6年）になると日本でも石けんが製造されるようになり、石けん、たらい、洗濯板が洗濯の3つの道具として使われるようになりました。

　ちなみに、石けんが普及するまでは、日本では「天然の洗剤」として古くから様々なものが利用されてきました。代表的なものが「灰汁」で、これはアルカリ性のものが含まれている天然の界面活性剤でした。平安時代には、灰汁や米のとぎ汁、白アズキや大根の汁などが洗濯に利用されていたそうです。

《天然の洗剤》
(1) **アルカリ**……木灰、灰汁、ワラ灰、海藻灰、粘土、動物の糞尿など
(2) **コロイド物質**（ドロドロしたもので汚れを吸着させる）……フノリ、寒天、そばやうどんのゆで汁など
(3) **動植物の界面活性剤**……白アズキ、大根の汁、米のとぎ汁、米ぬか、卵白、小麦粉、動物の胆汁や糞尿など

② 合成洗剤について

　合成洗剤は、石油や動植物の油脂から合成される合成界面活性剤を原料にして作られたものです。日本では昭和30年代に入ってから使われはじめ、1963年（昭和38年）には石けんの使用量を抜き、広く普及するようになりました。

　合成洗剤の普及により、油汚れなど水に溶けにくいものが簡単に落とせるようになりましたが、自然界に存在しない化学合成物なので、排水は分解されにくく、水中の微生物も殺してしまいます。

　合成洗剤が普及してから、赤ちゃんのおむつかぶれや皮膚湿疹が数百倍も増加したそうです。合成洗剤は、どんなに薄められても効力を持続して、皮膚から浸透したり、他の物質と簡単に融合してし

まいます。

　布おむつを使う場合、ぜひ洗剤も赤ちゃんの肌に優しいものを選んでみてください。

*──── **布おむつの黄ばみ・変色について**
① **布おむつの黄ばみについて**
　市販の下着やタオルは、多くが蛍光剤※というものを使い、必要以上に白く染め上げられています。また、蛍光剤は合成洗剤にも使われており、その白さを維持することができるようになっています。下着やタオルを石けんで洗っていくと、少しずつ蛍光剤が取れて、生地本来の色が出てきます。これが黄ばみの原因です。
　布おむつは、赤ちゃんの肌に触れるものなので、蛍光剤を使わずに作られているものが多く、蛍光剤の入っていない石けんなどで洗っていると、どうしても黄ばみやすくなります。
※蛍光剤とは…蛍光増白剤ともいい、汚れを白く染め上げるために使うもの。

　黄ばみ対策としては、
1．石けんの使いすぎに注意する（石けんを必要以上に入れると、石けんカスが溶け残って黄ばみの原因になります）。
2．洗ったあと、ぬれたまま放置せず、すぐに日光にあてて乾かす。
3．重曹を溶かした水につけ置きする。
　などを行ってみてください。

② **布おむつの変色について**
　赤ちゃんの尿の中に含まれている成分と、石けんの弱アルカリが反応してピンク色になることがあります。蛍光剤を添加していない合成洗剤を使用した場合も同じ反応が起こることがあります。
　また、おむつを汚れたまま放置していたり、そのまま長時間浸水させておいた時にも、排泄物の雑菌とアルカリが反応してピンク色に変色することがあります。
　その他に、おむつが変色する原因として、母乳の影響も考えられます。母親が薬を服用していたり、食品に含まれる添加物が作用して反応することもあります。もし、おむつが変色したら、母乳を与

Part 2　布おむつを使ってみよう

えているお母さんや赤ちゃんの食事に気をつけてみてください。

　変色しても害はありませんが、気になるようであれば、クエン酸（または食酢）を入れた水に一晩浸けておくか、酸素系の漂白剤を使用してみるとよいでしょう。

＊── **布おむつの干し方**

　おむつの干し方に決まりはありませんが、輪おむつなら省スペースでたくさん干せる、この丸型の物干し（パラソルハンガー、左写真）があると便利です。この形の物干しは、ホームセンターやスーパーの日用品売り場などで手に入れることができます。

　これ１つで輪おむつが20枚干せます。赤ちゃんが小さいうちは、おむつは物干しいっぱいになることもありますが、成長するうちにおむつの量も減って、物干しにも余裕がでてくると思います。もちろん、充分なスペースがあれば、長い物干し竿に輪おむつを一列に並べて干してもよいでしょう。

　洗濯をしたら、よくお日さまにあてて乾かします。天気の悪い日は仕方ありませんが、日光は殺菌や消毒の役目もあるので、なるべく天日干しをするようにしてください。

　輪おむつは乾きやすくて、一般に、晴れている日は夏場は２～３時間あれば乾きますし、冬場でも朝干せば夕方には乾いています。

　おむつが乾いたら、適当な大きさにたたんでカゴなどに入れて赤ちゃんのそばに置いておきます。そうすると、おむつ替えの時にすぐに取り出せてスムーズに交換できるので便利です。

＊── **外出時の携帯アイテム**

　私は、娘を連れて外出する時も、紙おむつは一度も使わず、布おむつをつけて外出していました。

　私が外出する時に携帯したおむつ関連アイテムを紹介します。

- 輪おむつ…5〜6枚
- おむつカバー…1枚
- 使用済みおむつ入れ（ビニール袋など防水のもの）
- ガーゼハンカチ…1〜2枚
- 水筒（中身は飲用の温かい番茶など）

　日中、5〜6時間程度外出する時には、だいたいこのくらい用意していました。短時間の外出の時は、おむつはこれよりも少なめにしたり、月齢や子どもによっても排泄の量や回数が違うので、それぞれで加減してみてください。替えの肌着やズボンもあると安心です。

　おむつは、成形おむつがあれば、そちらのほうがたたむ手間もなく、かさばらず、携帯するのには便利です。

　おむつカバーやガーゼハンカチは、うんちをした時のために用意しておきます。おしりを拭く時は、ガーゼハンカチに水筒の番茶をしみ込ませて拭くとよいでしょう。

　使用済みおむつ入れは、濡れたおむつを入れるため、ビニール袋など防水のものを用意します。私は、温泉やプールなどで濡れたものを持ち帰る時に使うビニール製の巾着ポーチをおむつ入れに利用していました。家に帰ってきたら、中身を出して、裏返して軽く水洗いして干しておけば、繰り返し使えます。

　布おむつで外出するコツとしては、

① 出かける直前におまるやトイレに連れていって、おしっこ・うんちを促してみる。
② 外出先でも、電車の乗り換えや建物に入った時など、要所要所でまめにトイレに連れていって、おしっこ・うんちを促してみる。
③ 移動中やおむつを替えられないところでは、「もうすぐ着くから、それまでおしっこ待っててね」など、赤ちゃんに声をかけてみる。
④ 家に帰ってきたら、最初におむつをあけてみて、濡れていなければ、おまるやトイレに連れていってみる。

　我が家の娘は、外出する直前や帰宅した直後におしっこ（時々うんちも）をすることが多く、外出中はうんちはせず、おしっこも家

Part 2　布おむつを使ってみよう

にいる時ほど回数をしませんでした。小さな赤ちゃんでもちゃんとわかっていて、外出中は排泄を我慢しようと努力しているのかもしれないですね。

＊── 布おむつ育児のハードル・夜間の工夫

　布おむつを使うにあたって、一番のハードルは、夜ではないでしょうか。

　夜も布おむつを使う場合、赤ちゃんは夜間でもたいてい数時間おきにおしっこをするので（夜間おまるにさせる場合でも）、もよおしたり、おむつが濡れたりして、一晩に何度か起こされることになります。我が家も、娘が夜におしっこをしなくなるまでは、毎晩おむつ替えやおまるにおしっこをさせるために起こされていました。

　季節や月齢によって、おしっこの量や回数は変わっていきますが、我が家の場合は、1歳になるまではだいたい2、3時間おき（一時期は1時間おきの頃もありました）、1歳を過ぎた頃には一晩に2、3回おしっこをする感じでした。1歳半になる頃には娘の排泄パターンがつかめるようになり、おむつは必要なくなりましたが、まだ一晩に1、2回おしっこをしていました。2歳になる頃には夜間におしっこは、ほとんどしなくなりました。

　私は夜のおむつ替えの手間を少なくするために、以下のような工夫をしていました。
・赤ちゃんと一緒の布団で眠る
・枕元に替えのおむつ（3回分くらい）と使用済みおむつを入れるもの（ビニール袋や容器など）を置いておく
→布団から出ずにおむつ替えを済ませることができる。
・輪おむつを2枚重ねにしてあてる
・輪おむつの間に成形おむつをはさむ
・赤ちゃんと布団の間にバスタオルやおねしょマットを敷く
→吸収力をアップさせて、おねしょで布団が濡れるのを防ぐ。
・枕元におまるを置いておく
→赤ちゃんが泣いた時にまだおむつが濡れていなければ、おまるに座らせてみる。すると、おしっこをする場合がある。

　また、子どもの排泄のリズムをつけるためには、いつもなるべく

決まった時間に寝起きさせること、早寝早起きで規則正しい生活を心がけることも大切です。

夜間のおむつ替えに自信のない方は、まず日中だけ布おむつにしてみるなど、布と紙を上手に併用して、できる範囲からはじめてみてはどうでしょうか。毎日のことなので、寝不足や疲労などで夜の布おむつにストレスを感じるようであれば、紙おむつを併用したりして、無理なく続けていくことが大切です。

＊ 赤ちゃんの排泄リズム

赤ちゃんも、月齢が上がるにつれて生活リズムができてくると、少しずつ排泄のリズムもついてきます。その際に、早寝早起きや規則正しい生活を送ることが大切になります。新生児の頃から（できれば妊娠中から）毎日早寝早起きをさせて、なるべく規則正しい生活習慣を心がけるようにしてみてください。

赤ちゃんの生活リズムが整ってくると、排泄のリズムも整ってきます。すると、お母さんも赤ちゃんの排泄パターンをつかみやすくなります。

排泄パターンがつかめてくると、おむつをはずしていても、もうすぐかなと思った時に先回りしてトイレやおまるに連れていくことができるので、粗相することも少なくなり、早くおむつが必要なくなります。おむつをつけていても、おむつが濡れる前に排泄することができるようになります。

私も、妊娠中から規則正しい生活を心がけていました。娘も、新生児の頃から今までずっと、夕方5時から7時頃までには布団に入れて寝かしつけています。そのためか、娘も早くから生活リズムができていて、1歳になる前には排泄のリズムもだいぶできていました。

うんちは朝起きてすぐに、おしっこも朝起きがけや、夜も数時間おきに毎日だいたい決まってするようになりました。娘の場合、1歳過ぎの頃は、毎日だいたい夜10時、2時、朝6時に起きておしっこ。2歳になる頃には、夜10時頃におしっこをさせれば、朝起きるまでおしっこはしなくなりました。娘の排泄パターンがつかめてから、外出時や夜もおむつをすることがなくなっていきました。

Part 2　布おむつを使ってみよう

＊── 食事とうんちについて

うんちは、赤ちゃんの体調を表す１つの目安になります。

布おむつを使っていると、毎日赤ちゃんのうんちをよく観察することになるので、体調の変化がすぐにわかります。

赤ちゃんのうんちは食事（母乳の時はお母さんの食事）の状態が反映されます。

普段、お肉や卵・チーズなどの動物性食品、脂っこいものが多い食事をしているとうんちは固くなり、便秘になりやすくなります。

また、砂糖やジュースなど、体を冷やすものを多く摂ると、お腹が冷えて、ベトベトしたにおいの強いうんちや緑色の水状のうんちが出るようになります。

お腹の調子をよくするためには、日本で昔から食べられてきたもの、お米や野菜、みそ汁や漬物などの発酵食品が中心の食事が理想です。

このような食事をしていると、うんちのにおいもきつくなく、固くもゆるくもなく、汚れ落ちもよい理想的なうんちになります。

赤ちゃんのうんちを観察しながら、食事が偏っていないか気をつけてみてください。

＊── おしりふきについて

私は、今まで市販のおしりふきを一度も使ったことがありません。使い捨てでゴミになることと、市販のおしりふきやウェットティッシュなどにも、薬剤や添加物などが使われているので、使わないようにしました。

おしりをふく時はどうしていたかというと、おしっこの時はおむつの端でふきとり、うんちの時は水やぬるま湯、または番茶で湿らせたガーゼハンカチでおしりをふいていました。ハンカチが手元にない時は、おむつを湿らせてふくこともありました。家にある手ぬぐいや木綿の布を利用してもよいでしょう。番茶は殺菌効果があるので、おしりをふくのにもよい上に、カフェインの刺激もないので、子どもや妊娠中、授乳中の人にもおすすめの飲み物です。時間のある時に作りおきしておくと便利です。

我が家は毎朝、やかんで番茶を沸かして作っておき、２リットル

くらい入る大きめのまほうびんに入れておきます。まほうびんに入れておけば、電気で保温する必要もなく、中身は夜まで温かく１日使うことができます。おしりふきに使用する時は、熱ければ水で薄めたり、少し冷まして適当な温かさにして使ってください。常温のものを使用してもよいでしょう。外出する時は、おしりふき用にガーゼハンカチと、番茶を入れた水筒を持っていきます。

　もし、夏場にあせもやおむつかぶれができてしまった時は、桃の葉やビワの葉を煮出して、それでガーゼハンカチを湿らせておしりや体をふいてあげるとよいです。桃の葉やビワの葉は、近所になければ、自然食品店などで手に入るので、試してみてください。

　他に、着古したシャツなどを適当な大きさにカットしてストックしておいて、おしりふき代わりに使ったり、おむつの上に敷いてうんちシートのようにして使うこともできます。外出の時などには、使用したら、そのままゴミとして捨てることもできるので、処理も楽で便利です。

　また、これは布おむつに限ったことではありませんが、おしりをふく時は、女の子の場合は、膣に雑菌が入る危険があるので、前から後ろへふくようにします。

＊── におい対策に、みょうばん水

　雨の日の生乾きの布おむつや外出時に袋に入れて持ち帰った布おむつ、頻繁に使うおむつカバーなどにおしっこのにおいがしみつくことがあります。このおしっこのアンモニア臭は、みょうばん水を使って解消することができます。

　みょうばんは、漬物の歯切れや色をよくしたり、野菜のアク抜きや草木染めの媒染などにも使われる食品添加物で、スーパーでも漬物材料のコーナーに置いてあり、１袋100円程度で手に入ります。このみょうばんを使ったみょうばん水の作り方を紹介します。

【みょうばん水の作り方（1.5リットルのペットボトル１本分）】
① 750ccの水を煮立たせて、その中にみょうばん50ｇを入れてよく混ぜる。
② みょうばんが溶けたら、水750ccを足す。

Part 2　布おむつを使ってみよう

③ 自然に冷めたら、ペットボトルなどの容器に入れてシェイクする（最初白く濁りますが、その後透明になります）。
④ 冷蔵庫に入れて保存する。

　この原液を水で薄めて使います。冷蔵庫で保存すれば、1年以上使うことができます。私はこれで、においのしみついたおむつやカバーをつけ置きしたり、小さなスプレー容器に入れて外出中に持ち歩き、おしっこをしたあとのおむつに吹きつけたりしていました。
　みょうばんは、雑菌を抑えて悪臭を断つ効果に加えて、収斂(しゅうれん)作用もあり、お風呂に少量入れたり、洗濯のリンス代わりに入れたり、おむつかぶれにもよいそうです。おむつのにおい対策以外にもいろいろ使い道がありそうです。
　みょうばんの他に、重曹をふりかけたり、クエン酸やお酢を水で薄めたものなども、おむつのにおいを消すのに効果があります。家にあるもので、いろいろ試してみてください。

＊── おむつライナーとおむつネット

　布おむつのお助けアイテムをいくつか紹介したいと思います。左の写真が、おむつライナーとおむつネットです。
　おむつライナーは、ロールペーパーのようになっていて、適当な大きさに切り取っておむつの上に敷いて使います（1ロールで約100回分）。ライナーをおむつの上に敷くことで、おむつにうんちがしみ込まず、洗濯が楽になるそうです。生物分解性の材質でできていて使用後はそのまま水に流せるので、外出中など、いざという時に便利です。
　おむつネットは主にポリエステルのメッシュでできていて、これもおむつの上に敷いて使います。おむつネットは吸水性がなく、おしっこや汗が通過して、濡れた部分が直接肌に触れずにムレやおむ

おむつライナー（左）とおむつネット（右）

つかぶれを防ぎます。うんちをした時も、うんちがおむつネットの上に残り、おむつを汚さずに簡単に処理できるそうです。おむつネットは洗濯して繰り返し使えます。

　我が家は、どちらももらいもので持っていたのですが、娘はおむつかぶれなどもなく、外出中はうんちをしなかったので、結局どちらもほとんど使わずに終わってしまいました。もし、おむつかぶれや外出中などのうんちの不安がある方は、使ってみるとよいかもしれません。

*── **スナッピーとおむつバンド**
　布おむつの関連アイテムで、スナッピーとおむつバンドというものがあります。

　スナッピーは、T字型の先にホックがついたもので、赤ちゃんのおしりに輪おむつを三角にたたんであてて、3点のホックで留めて使います。おむつカバーを使わなくても、スナッピーで輪おむつを留めるだけで使えます。小さいので携帯するのにも便利です。
　おむつバンドは、ヘアバンドのような形で赤ちゃんのお腹につけて、輪おむつを留めて使います。つけるとふんどしのような感じになります。これも、おむつカバーがなくても、これだけでおむつを留めることができて、携帯にも便利です。ヘアバンドなどで代用したり、手作りしてもよいと思います。

　どちらも外国製で、ネットショップなどで1,000円以下で買うことができます。
　これらを使うと、おむつカバーをつけないので、濡れるとわかりやすく、すぐに取り替えてあげることができ、排尿間隔も把握しやすいというメリットがあります。布おむつでも、おむつカバーの中がしょっちゅう濡れたままでいると、赤ちゃんも濡れる感触に慣れてしまって、次第にどんなに濡れていても教えてくれなくなってしまいます。おしっこにすぐに気づいてあげられるように、普段からおむつをはずしてみたり、このようなアイテムを利用してみるのもよいかもしれません。

Part 2　布おむつを使ってみよう

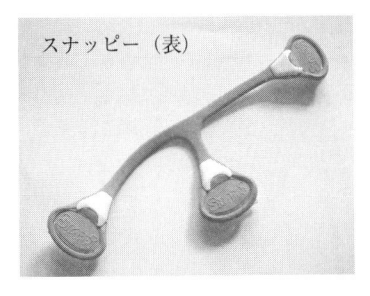

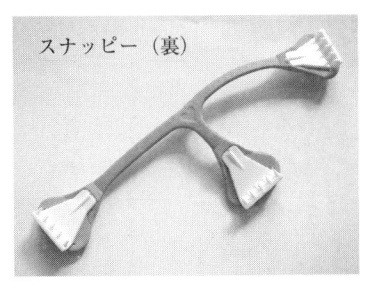

スナッピー（表）

スナッピー（裏）

【スナッピーの使い方】

①輪おむつを2枚用意して、1枚を三角に、もう1枚を四つ折りにします。

②輪おむつ2枚を写真のように重ねて、赤ちゃんのおしりの下に敷きます。

③手前を赤ちゃんのおしりに沿わせて、左右を巻きつけます。

④左、右、下の3点をスナッピーのホックで留めて完成。

※おむつバンドは、こちらで購入することができます。
【マザリングマーケット】
http://mothering.jp

おむつバンド

【おむつバンドのあて方】

①赤ちゃんの腰にバンドをつけます。

②輪おむつを赤ちゃんのおしりに沿わせて、お腹と背中部分をバンドにひっかけて完成。

Part 3
布おむつライフを楽しもう

*──── おむつカバーの作り方

　出産前に用意した新生児用のおむつカバーがきつくなってきた頃、次のサイズを探そうとしていた時、ふとカバーも手作りできないかと思いたち、いろいろ調べて試作品を作ってみました。試しに娘につけてみたところ、なかなかよい様子。そこで、娘に試着してもらいながら何回も試作を重ねて、市販のものに劣らないくらいのおむつカバーを作ることができました。

　私は、好みの柄の表布と好みの素材の裏布、表布と裏布の間に防水の生地をはさんで作っています。表布は綿のプリント生地や古着や端切れ布を利用し、裏布はウールやフリース、他に麻や綿（ネル生地、タオル生地）などを使います。濡れにくい素材は撥水性のあるウールやフリースなど、濡れる感触がわかる素材がよければ吸水性のある綿のネルやタオル地など、暑い季節は涼しげな麻など、好みに合わせて選んでみてください。

　内側の防水生地は、薄手のおねしょシートやレインコート生地、エコバッグ用のナイロン生地などが使いやすくてよいと思います。

　マジックテープ式は、主に新生児〜ハイハイの頃、スナップボタン式は、主にハイハイ〜あんよの頃に向いています。赤ちゃんが動きはじめると、なかなかじっとしてくれなくなり、おむつを替えたり履かせたりするのが大変になりますが、スナップボタン式にすると、ボタンをつけたまま、立ったりハイハイの状態でもパンツのように履かせることができるので便利です。ボタンも複数つければサイズを調節できるので、成長に応じて長く使用することができます。好みの形や素材で、オリジナルのおむつカバーを作ってみてください。

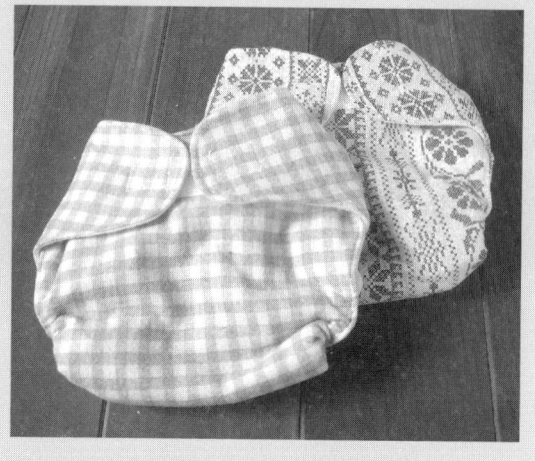

　45〜48ページに、作り方を紹介します。

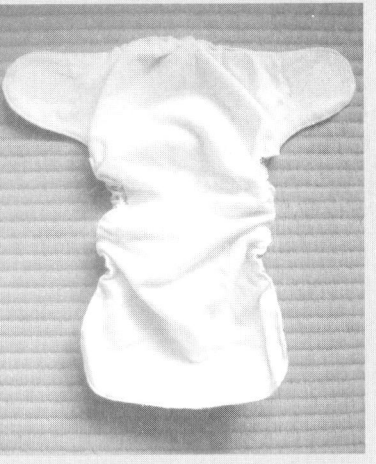

Part 3　布おむつライフを楽しもう

マジックテープ式おむつカバー　　　開いたところ

【おむつカバー（マジックテープ式）の作り方】
《材料》
- 生地：表布（綿プリントや古着、端切れ布など）…1枚
　　　　裏布（ウール、フリースなど）…1枚
　　　　防水生地（薄手のもの、必要に応じて）…1枚
- ゴムテープ5mm幅　10〜12cmくらい…3本
- マジックテープ（縫いつけるタイプ）
　　　（メス）12cm×4.5cm…1本　　（オス）5cm×4.5cm…2本

《必要な道具》
　ミシン、市販のおむつカバー（型紙をとるため）、カレンダーの裏や包装紙など型紙にする紙、裁ちばさみ、まち針、しつけ糸、手縫い糸、チャコペンシルなど

《作り方》
① 好みのサイズや形のおむつカバーから型紙を取り（80ページの付録型紙サンプル参照）、まわりに1cmの縫いしろをつけて、表布、裏布、防水生地をそれぞれ1枚ずつ裁断する。

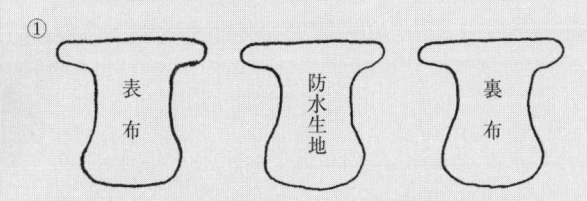

①
表布　　防水生地　　裏布

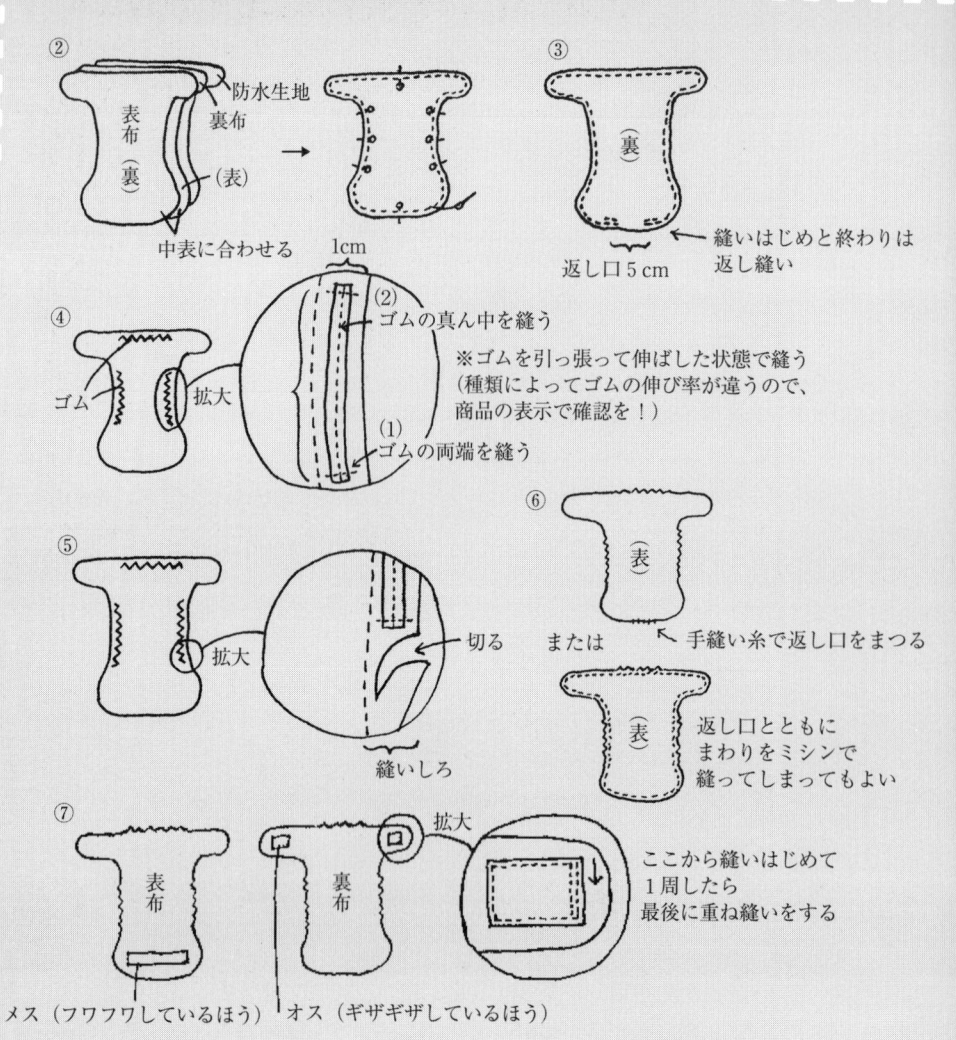

②表布と裏布を中表に合わせて3枚の生地を重ね、まわりをまち針で留めて、しつけ糸で仕上がり線の上を縫う。
③しつけ糸の上をミシンで縫う。
④背中と足まわりの縫いしろ部分に(1)→(2)の順にゴムを縫いつける。
⑤ゴムをつけた部分と、返し口部分以外の余分な縫いしろを切って始末する。
⑥返し口から表に返して、返し口をまつる（補強のためにまわりをミシンで縫ってもよい）。
⑦マジックテープを縫いつけて完成。

★マジックテープは、つけるのが簡単で、留めたりはずしたりも楽なので、使いやすいのが特徴です。しかし、何度も洗濯をしているうちにテープが弱くなったり、赤ちゃんが大きくなると自分ではがしてしまうこともあります。

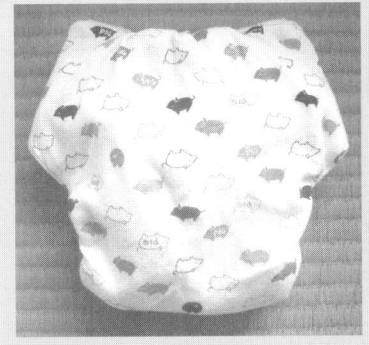

Part 3　布おむつライフを楽しもう

スナップボタン式おむつカバー

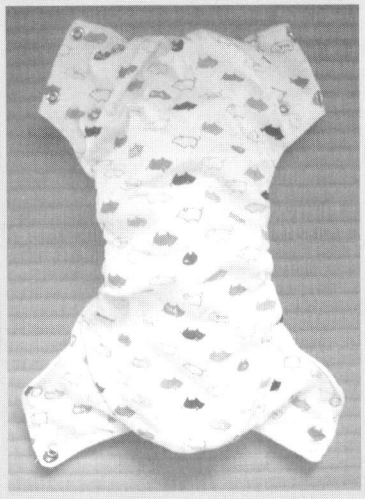

開いたところ

【おむつカバー（スナップボタン式）の作り方】
《材料》
・生地：表布、裏布、防水生地…各1枚
・ゴムテープ5mm幅　12cmくらい…4本
・スナップボタン
　　（メス）…8コ　　（オス）…4コ

《必要な道具》
マジックテープ式と同じ。

《作り方》
① 好みのスナップ式のおむつカバー（またはスナップ式のトレーニングパンツなど）から型紙を取り（81ページの付録型紙サンプル参照）、まわりに1cmの縫いしろをつけて、表布、裏布、防水生地をそれぞれ1枚ずつ裁断する。

② 表布と裏布を中表に合わせて3枚の生地を重ね、まわりをまち針で留めて、しつけ糸で仕上がり線の上を縫う。

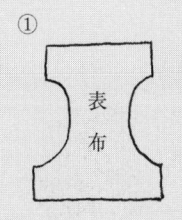

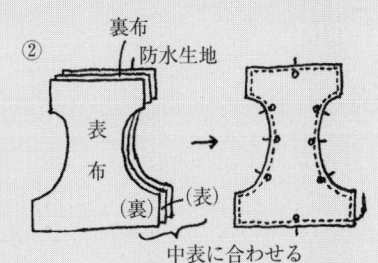

① 表布　　防水生地　　裏布

② 裏布／防水生地／表布／(裏)(表)　→　中表に合わせる

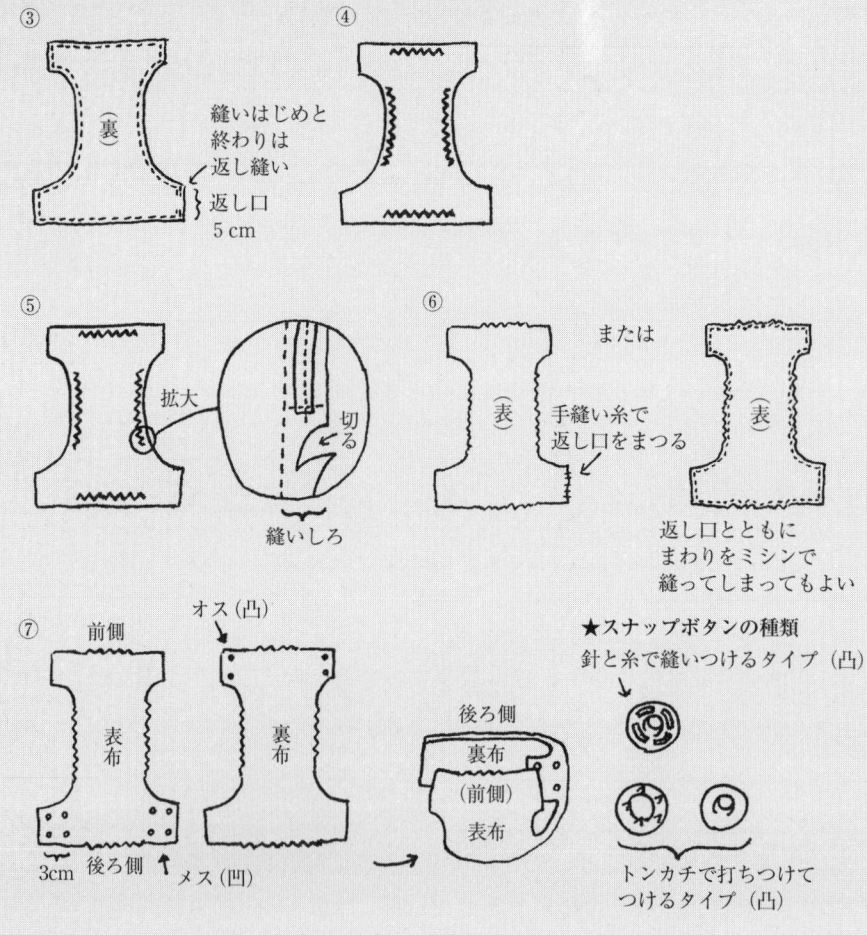

③ しつけ糸の上をミシンで縫う。
④ 背中とお腹、足まわりの縫いしろ部分にゴムを縫いつける。
⑤ ゴムをつけた部分と返し口以外の余分な縫いしろを切って始末する。
⑥ 返し口から表に返して、返し口をまつる（補強のため、まわりをミシンで縫ってもよい）。
⑦ スナップボタンをつけて完成。
※スナップボタンは、縫いつけるタイプと、打ちつけてつけるタイプがあります。お好みで選んでください。
※スナップボタンは、つけるのが少し大変ですが、しっかり留まるので、はずれる心配がなく、動きだした頃の赤ちゃんに便利です。ボタンをたくさんつければ、成長に合わせてサイズの調整ができて、長い期間使うことができます。

Part 3　布おむつライフを楽しもう

＊── おむつカバーの作り方《番外編》

　祖母が子育てをしていた時代（昭和30年代）に使われていたというおむつカバーの作り方を紹介したいと思います。

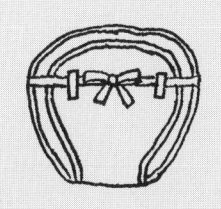

《材料》
・ウール生地　40cm×40cm… 1枚
・バイアステープ（2cm幅）… 1m30cmくらい
・綿テープ（1cm幅）… 90cm
・木綿布または綿テープ（1cm×4.5cm）… 2本

《製図》※単位cm

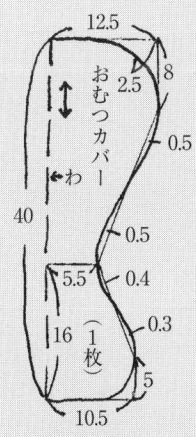

《作り方》
① ウール生地を製図どおり1枚裁つ（縫いしろを1cmつける）。
② 周囲をバイアステープで包む。
③ 表側の下のほう（お腹の部分）へ木綿布か綿テープでひも通しを縫いつける。
④ 表側の上のほう（背中部分）に綿テープのひもを縫いつけて完成。

　このおむつカバーの使い方は、中におむつをのせて、ひもをひも通しに通し、前で結んでおむつを押さえます。
　生地は、ラシャか本ネル、または着古してフエルト化したセーターや、柔らかく目の詰まった毛織物を利用して作ってもよいそうです。

＊── お役立ちアイテム①　靴下レッグウォーマー

　おむつをしている時期、おむつの上からズボンなどを履いていると、おむつ替えの時に、毎回脱がせたり履かせたりする手間がかかります。漏れてしまうと、洗濯も増えてしまいます。

　暖かい時期は、家にいる時は、おむつから上は取ってしまうと楽です。寒い時期や、赤ちゃんの足の冷えが気になる場合は、レッグウォーマーを利用してみるとよいかもしれません。私は、自分の靴下の底を切って、それをレッグウォーマーにしていました。作り方は、女性用の小さめの靴下1足を用意して、足首の部分を切るだけ。切りっぱなしで大丈夫です。ハイソックスで作れば、ふとももまでおおうこともできます。

　このレッグウォーマー、おむつを卒業してからも、歩き回ってズボンを履きたがらない時などに重宝します。使っていない靴下などを利用して、ぜひ作ってみてください。

【靴下レッグウォーマーの作り方】

女性用の靴下1足　　　切る　→　切りっぱなしでOK

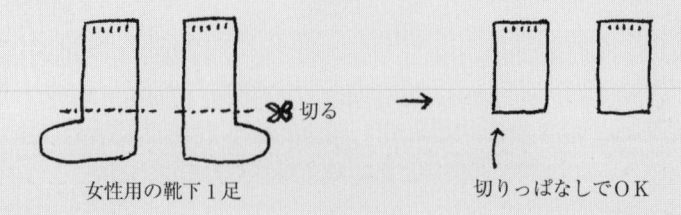

＊── お役立ちアイテム②　靴下ウールソーカー

　ウールソーカーとは、毛糸のパンツのことです。通気性がよく、防水性もあるので、おむつカバー代わりにおむつの上から履かせたり、またはおむつカバーの上から履かせて使います。

Part3 布おむつライフを楽しもう

市販のものを購入したり、毛糸を編んで作ることもできますが、おおよそ生後半年くらいまでの小さい赤ちゃんなら、男性用のくるぶしソックス1組で簡単にウールソーカーが作れます。作り方を紹介します。

【靴下ウールソーカーの作り方】

《材料》
・大人用のくるぶしソックス1組
・ゴムテープ5mm幅…25cmくらい

《作り方》
① 靴下のつま先を切り、底の折り目の部分をまっすぐ切る。
② 靴下を開いて、布端の部分にジグザグミシンをかけておく。
③ 内表に重ねて、周りをぐるりと縫う。
④ 縫いしろを開いて、ウエスト部分を折り返して縫い、ゴムテープを通す。
⑤ 表に返して完成。

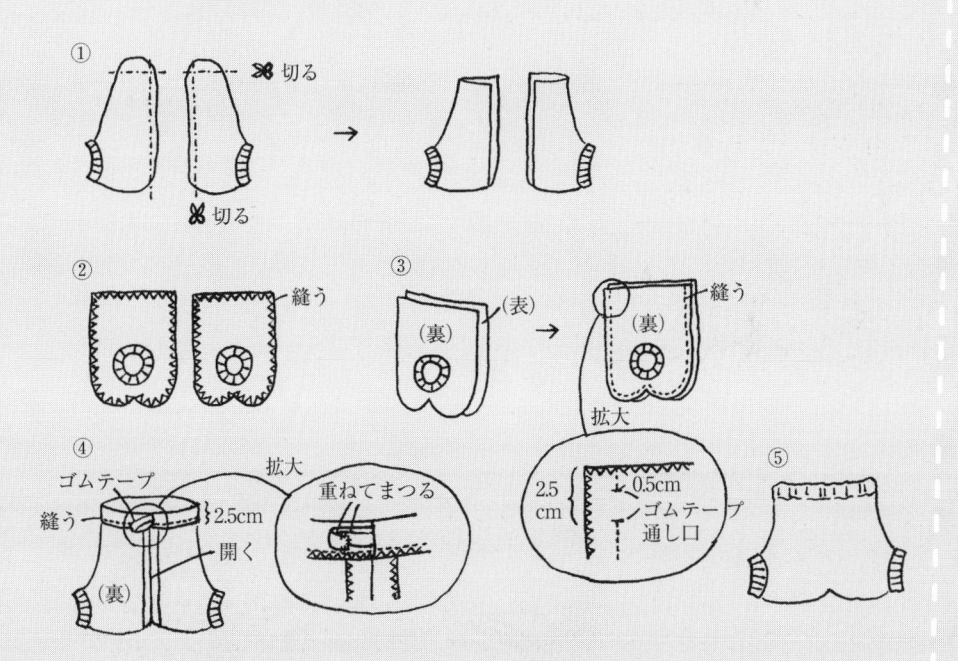

靴下なので大きさに限界がありますが、履かせると体にぴったりフィットして、お腹も温まり、ゆるいうんちが漏れることも少なくなります。赤ちゃんが小さいうちは重宝しそうです。

*―― **消しゴムはんこ柄のおむつ**

　私の布おむつの楽しみ方をいくつか紹介したいと思います。

　布おむつ育児に慣れてきた頃、ふと遊び心が芽生えて、普段使っている無地の輪おむつに自作の消しゴムはんこを押して、オリジナルのおむつを作ってみました。

　はんこを布に使用する場合、布用のスタンプで押して、その上からアイロンをかけます。そうすることで、洗濯をしてもインクが落ちなくなります。

　消しゴムはんこを作るのが苦手という方でも、市販のはんこを押して楽しむこともできます。また、はんこをおむつ以外の肌着や赤ちゃんの持ちものに押して使ってもかわいいです。

　私の場合、このおむつを主にお出かけの時に持ち歩いていましたが、出先や洗濯物を干した時に、時々このおむつを見て声をかけてもらうことがあり、話をするきっかけになったりして、布おむつ生活が楽しくなりました。

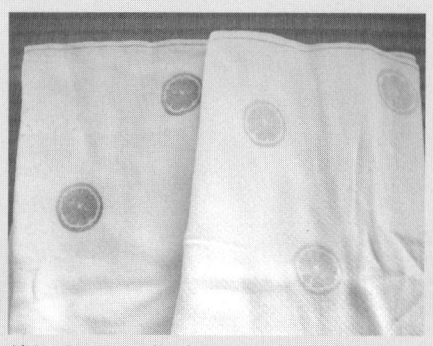

消しゴムはんこ柄（グレープフルーツ） 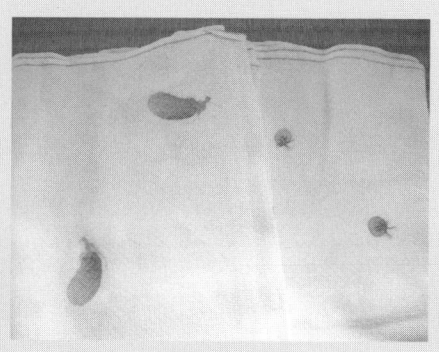　　消しゴムはんこ柄（ナス・ミニトマト）

*―― **草木染めのおむつ**

　布おむつの生活も終盤に差しかかってきた頃、使いこんでしみや黄ばみのついてしまったおむつを、家にある材料を使って草木染めで染めてみました。

《材料》

　染色液を作る素材（小豆、玉ねぎの皮、ハイビスカス茶、紅茶、落花生の殻など）、みょうばん（媒染用）、大きめの鍋、ボウル

Part3 布おむつライフを楽しもう

※みょうばんとは、硫酸アルミニウムと硫酸カリウムが結合した無色透明の結晶のことです。口の中に入っても安全で、素材の色や歯ごたえをよくしたり、変色を防ぐために、家庭用の食品添加物として扱われています。
※媒染とは、染色液で染めた糸や布を、みょうばんや鉄を溶かした液の中に入れることで、染色液で染めた色素の色止め効果と発色効果があります。

《作り方》
① 大きめの鍋にたっぷりの水を入れて、好みの材料を煮出して染色液を作る。
② 染めるおむつを水につけて軽く絞る（水で濡らすことによって、染めムラができるのを防ぐ）。
③ 染色液におむつを浸して、10分くらい煮て染める。
④ 火を止めて、そのまま冷めるまで浸しておく。
⑤ ボウルなど別の容器に、熱湯で溶かしたみょうばんと水を入れて、みょうばん水を作る（みょうばんは重量の3％程度）。
⑥ みょうばん水に、水気を絞ったおむつを入れて、30分くらい浸しておく。
⑦ （濃く染めるために）もう一度染色液に入れて煮立たせる。
⑧ 火を止めて冷めたら、おむつを取り出して、しぼって風通しのよいところに干して乾かして完成。

おむつを染色液に浸して染めだしているところ

　しみや黄ばみがついたおむつや肌着なども、染めることで美しくよみがえります。
　自然素材で染めたやわらかい色のおむつは、赤ちゃんの肌にも優しくて安心して使えます。身近な材料や、食べた後の皮や殻、古くなった茶葉や小豆を煮た時に出る煮汁など、普段使わずに捨ててしまうようなものでできるのも魅力です。

*—— **藍染めのおむつ**

　草木染めでおむつがきれいによみがえったのが嬉しくて、次はプランターで育てた藍で藍染め（※生葉染め）のおむつを染めてみました。

※藍染めは、藍を発酵させてから染めるやり方（濃い藍色に染まります）と、生の葉で染めるやり方（青空のような色に染まります）があります。

藍の葉　　　　　　　　　　　　藍染めのおむつ（ミシンの糸巻きで絞り染め）

《材料》

藍の葉…500ｇ、苛性ソーダ…10ｇ、ハイドロサルファイトコンク…15ｇ（色落ちを防ぐための薬剤。薬局で購入できます）

《作り方》

① 藍の葉に水少々を加えてミキサーにかける。
② ストッキングや目の細かいネットなどに、ミキサーをかけた藍を入れて液をこす。
③ こした液に、2種類の薬品を一緒に入れてよく混ぜる（薬品を入れる時は必ず換気して行ってください）。
④ 模様をつけたい場合は、輪ゴムやビー玉、ミシンの糸巻きなどを使って絞りを入れる。
⑤ 染めるもの（おむつ）を一度、水で濡らして水気を絞り、藍液に1分くらい浸してから、空気に触れるように2分くらい液から出し入れさせる。
⑥ 軽く絞って天日に干す（日光にあてると、緑色→青色に変わっていきます）
⑦ 色が変わったら水洗いして（この時、絞りを入れた場合は、絞った糸や輪ゴムなどをはずす）、一晩水につけておき、翌日陰干しして完成。

Part 3　布おむつライフを楽しもう

　粉末状で市販されている藍を購入して作ることもできます。この場合は粉末を水に溶かすだけで手軽に藍染めができます。ぜひお試しください。
　台所の材料を使った草木染めに比べると、材料を用意したり、少し手間もかかりますが、おむつにして使うにはもったいないほど美しく染まります。

【模様のつけ方】

　模様をつける場合の絞りの入れ方をいくつか紹介します。

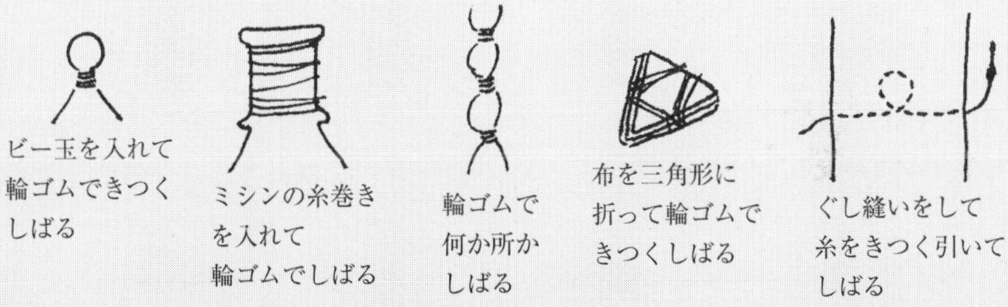

- ビー玉を入れて輪ゴムできつくしばる
- ミシンの糸巻きを入れて輪ゴムでしばる
- 輪ゴムで何か所かしばる
- 布を三角形に折って輪ゴムできつくしばる
- ぐし縫いをして糸をきつく引いてしばる

　どんな模様ができるかいろいろ試してみてください。他にも自分で考えたオリジナルの模様など、自由に楽しんでみてください。

*── 浴衣おむつ

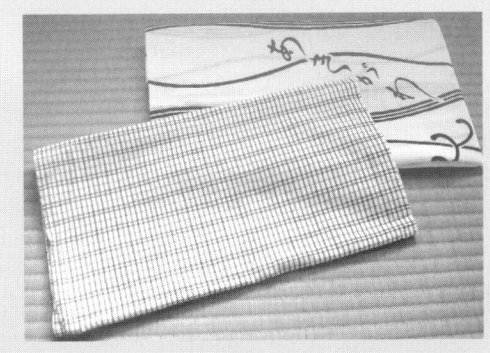

　家に着なくなった浴衣があれば、これをおむつにすることもできます。
　私の祖母が育児をしていた頃は、新しい生地でおむつを作ることはほとんどなく、着古した浴衣などでおむつを作っていたそうです。今は、浴衣で作ったおむつはほとんど見かけなくなりましたが、着古した浴衣は、柔らかくて肌触りもよく、おむつにするのに適しています。ひと手間かけて作った浴衣おむつは粋(いき)で、洗濯物を干す時やよそ行き用に使えば注目されること間違いなしです。

もし、家に着古した、または着なくなった浴衣があったら、ぜひ挑戦してみてください。

【浴衣おむつの作り方】

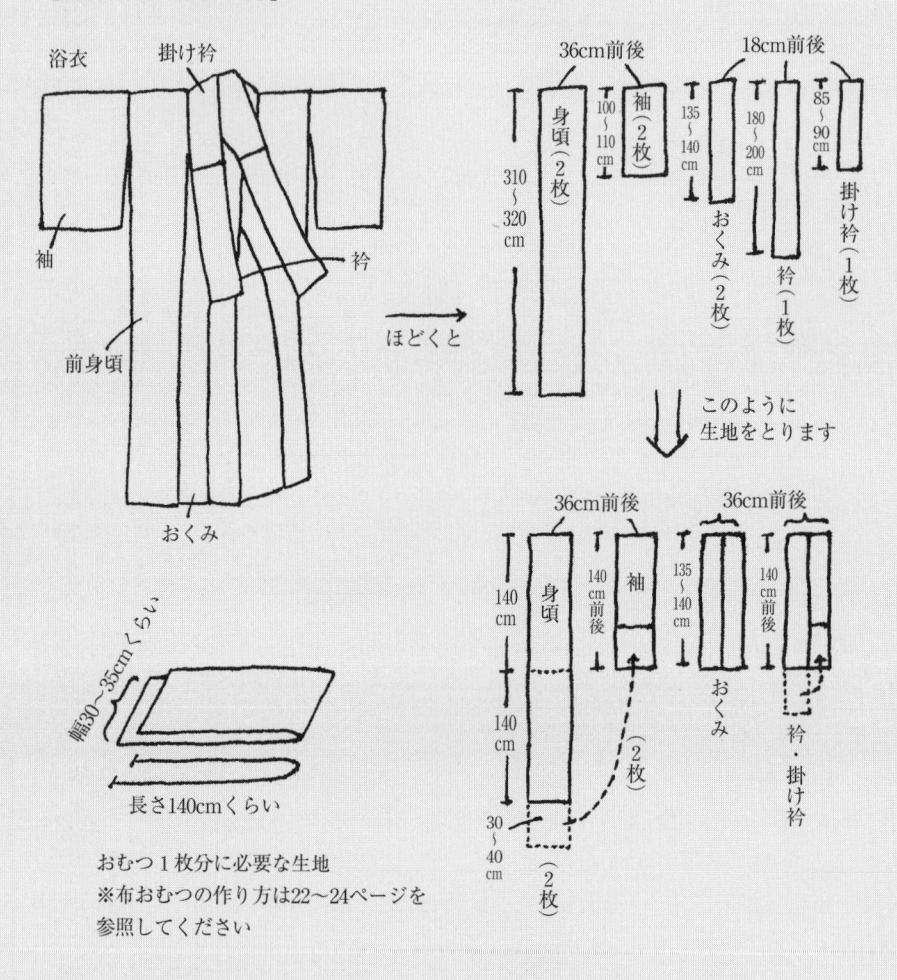

浴衣
掛け衿
袖
衿
前身頃
おくみ

ほどくと

36cm前後 身頃(2枚) 310〜320cm
100〜110cm 袖(2枚)
18cm前後 135〜140cm 180〜200cm おくみ(2枚)
衿(1枚)
85〜90cm 掛け衿(1枚)

このように生地をとります

36cm前後 身頃 140cm / 140cm / 30〜40cm (2枚) (2枚)
140cm前後 袖
36cm前後 135〜140cm おくみ
140cm前後 衿・掛け衿

幅30〜35cmくらい
長さ140cmくらい

おむつ1枚分に必要な生地
※布おむつの作り方は22〜24ページを参照してください

ほどいた浴衣を上記のように全て無駄なくはぎ合わせると、8枚のおむつを作ることができます。
※はぎ合わせずに、身頃の部分だけ切って作る場合は4枚。残りの部分は生地として他の用途に使ってもOK。

Part 3　布おむつライフを楽しもう

＊── 裸育児について

　まだ、子どもがお腹の中にいた頃、図書館で偶然目にした本で、「裸育児」という言葉を知り、とても興味をもちました。
　秋に子どもが生まれてから最初の春、暖かくなってきた頃、試しに家の中で娘の肌着やおむつをはずして裸にしてみました。
　娘はまだ自分で動けないので、おしっこなどをしてもいいように、おしりの下にタオルを敷いて、その上に寝かせておきました。
　赤ちゃんの様子を見ていると、何だか気持ちよさそうで、機嫌もよかったので、それから毎日少しずつ裸にさせていました。
　娘は日中、家では裸で過ごすことが多くなり、ハイハイをはじめてからは、床におしっこをしてもいいように、部屋（床）を片付けて、おしっこをしてしまったら、その都度ぞうきんで拭くようにしていました。
　体中の細胞や器官が盛んに作られている赤ちゃんは、体でいろんな感触を確かめたり、お母さんやまわりの人との肌の触れ合い、光や風などの肌への刺激が大切ではないかと思います。
　小さいうちに、多少の暑さ寒さを肌で感じることで、自分で体温を調節する力もついていくような気がします。

＊── おむつなし育児のすすめ

　裸育児をしてみて気づいたのですが、布おむつであれ、おしりに濡れたものや汚れたものがつく感触は、赤ちゃんにとって不快であるんだな、と感じました（大人だって、おしりが濡れたり汚れたりしたら嫌ですよね）。
　おむつをつけていない時に、おしっこやうんちをされてしまうこともありますが、そういう時は赤ちゃんはたいてい機嫌はいいので、我が家ではなるべく自由に排泄ができるように、赤ちゃんが過ごす部屋や床には汚されたくないものを置かないように環境を整えておいて、家の中ではおむつをはずしてあげました。
　まだ自分で動けないうちは、おしりの下にタオルなどを敷いて（おねしょマットなどもよいです）、ハイハイをしはじめてからはぞうきんを用意しておいて、おしっこをしてしまったら、その都度床を拭いていました。

床を汚すのに抵抗があったり汚せない場合は、おまるやおまるの代わりになるもの（洗面器、バケツなど）を用意して、たびたびそこにさせるように試してみてもよいと思います。もちろん、連れていく手間が大変でなければ、トイレに連れていってさせてみてもよいでしょう。
　新生児や小さい赤ちゃんでも、コツをつかめば、おまるに排泄させることができます（62ページ「ホーローおまるの使い方」参照）。
　おむつをしていても、なるべくおしっこやうんちが赤ちゃんのおしりにつく時間が少なくなるように、工夫したり、心がけてみてください。

＊── EC（エリミネーション・コミュニケーション）について

　ＥＣ（Elimination Communication）とは、排泄コミュニケーションという意味の言葉で、排泄を通じて赤ちゃんとコミュニケーションを取ることを言います。
　海外では、メディアなどでもたびたび取り上げられて紹介されており、日本でも関心を持つ人や実践する人が少しずつ増えているようです。
　では、ＥＣとは実際にどうやるのかというと、月齢の低いうちから、赤ちゃんがおむつでうんちやおしっこをする前に、トイレやおまるなどに連れて行き排泄させてあげます。つまり、おむつの代わりにトイレやおまるを使う方法で、これは赤ちゃんの訓練というよりも、赤ちゃんのサインや排泄パターンに気づく親の訓練ということになります。
　赤ちゃんは、生まれた時から排泄の欲求を認識する能力を持っているそうです。ＥＣをやることで、親がその能力を実際の排泄へ結びつける手助けをします。
　私が実際にＥＣをやってみて感じたことは、排泄の欲求を満たしてあげることで、赤ちゃんが不快で泣いたりぐずったりすることが少なくなったこと。そして、おむつを洗う回数や量が減って、その分余裕ができたこと。それから、何よりまだ言葉のしゃべれない赤ちゃんの排泄の欲求に応えてあげられると、赤ちゃんと気持ちが通じ合えたような気がして嬉しくて、やってよかったと思いました。

Part 3 布おむつライフを楽しもう

　もちろん、失敗したり、うまくいかないこともありますが、成功したらラッキー、くらいの気持ちで、親が時間のある時に楽しんでできれば、赤ちゃんにもお母さんにも負担にならず、長く続けることができると思います。

※── **ベビーサインの効果**
　出産前に読んだベビーサインの本で、1つだけ印象に残ってずっと続けていたサインがあります。それは、おしっこ（排泄）のベビーサインです。
　私は、娘が小さい頃からおしっこ（またはうんち）をした直後やおむつを替える時に、下腹部をポンポンと軽く叩いて「ちっち出たねー」とか、これからおしっこが出そうだなと思った時に「ちっち出るかな？」とか「ちっちしようか？」と、いつもサインと声かけをしていました。
　そのうち、まだ言葉がしゃべれない頃から、おしっこが出た後に娘が自分からお腹のあたりをポンポン叩いて教えてくれるようになり、次第におしっこが出る前に教えてくれるようになりました。また、言葉をしゃべれるようになってからは「ちっち」と言葉でも教えてくれるようになりました。簡単なサインなので、お母さんも赤ちゃんも覚えやすくて、気軽にできるサインです。
　もちろん、自分で他にやりやすいサインを考えてもよいと思います。ぜひお試しください。

Part 4
らくらくトイレトレーニング

*─── **レトロ感覚のホーローおまる**

娘が1歳になる頃、排泄のパターンがつかめてきたので、おまるを使おうと思い立ちました。どうせなら長く使えるものをと思い、プラスチック製ではないおまるを探していたところ、昔ながらのホーロー製のおまるを発見。さっそく購入し、使いはじめました。

このおまるはつぼ型で、これに子どもが腰をかけて排泄します。生後すぐの赤ちゃんから、ママが支えてあげて使うことができます。あんよする頃には、自分で座ってできるようになりました。

ホーロー製なので、丈夫で、汚れやにおいもつきにくく、清潔です。さらに小さいので外出する時に携帯することもできます。

また、シンプルな形なので、おまるとして使い終わった後も、お母さんの布ナプキン（71ページ参照）のつけ置き用の容器として利用したり、他の用途に使用することもできます。

このホーロー製のおまるは、戦前の育児書にも絵が書かれて残っていて、日本でも昔から使われており、昭和10〜20年代はこのおまるが主流だったそうです。

その後、プラスチック製のあひるのおまるが出てきて、一時すたれてしまいましたが、最近のレトロブームやエコブームにおされて、再び注目されているようです。

ホーローおまる
（製造・販売／株式会社オオモリ
http://www.e-omori.co.jp/）
蓋と持ち手がついています

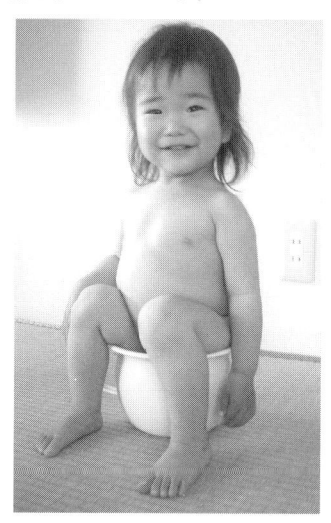

1歳半の頃。自分からおまるに座っておしっこやうんちをします。

*─── **ホーローおまるの使い方**

ホーローおまるは、直径20cmと22cmのものがあり、小さいサイズは生後間もない新生児から、大きいサイズは2〜3歳児から使用

Part 4　らくらくトイレトレーニング

【ホーローおまるの使い方】

ねんねの頃は、親があぐらをかいて、その中におまるをはさんで座らせてあげるとよいでしょう。

首がすわる前の赤ちゃんは、このような感じで支えてあげてもよいでしょう。

首がすわってからは、このような感じで支えてあげます。親子で向かい合って座らせてもよいでしょう。

する場合に向いているそうです。

　我が家は直径20cmのものを使用していますが、2歳を過ぎた今でも、ずっとこのワンサイズで間に合っています。

　まだハイハイをする前の赤ちゃんの場合、自分で座ることはできないので、時間を見計らって、お母さんが支えてあげて、赤ちゃんのおしりをおまるにあてがいます（赤ちゃんが泣きだしたり、数分待って出なければやめて、しばらくしてからまたやります）。

　お母さんがあぐらをかいて、足でおまるを固定するとやりやすいです。男の子は、おしっこが飛びやすいので、おまるを傾けて、うまく角度を調節してみてください。おまるにのせた時に「しーしー」「ちっちー」や「うーん」など声をかけてあげるとよいでしょう。

うんちやおしっこが出やすいタイミングは、
① おっぱいのあと（おっぱいを飲んでいる最中）
② 寝起きのあと
③ おんぶや抱っこから下ろしたあと
④ 外出から帰ってきたあと
⑤ 赤ちゃんの動きが止まって、ふんばっているような時
などが比較的出やすい時だと思います。

　まず最初は、おっぱいや寝起きのあとからはじめてみるとよいかもしれません。おっぱいをあげながら、赤ちゃんのおしりをおまるに乗せてみてもよいです。また、おまるがなくても、最初は家にある洗面器やたらいなどで代用してもよいでしょう。

　次に、ハイハイやあんよをはじめた赤ちゃんの座らせ方を紹介します。

　赤ちゃんが自分で動けるようになると、なかなかじっとしてくれなくなり、最初おまるに座らせるのも、ねんねの頃よりも大変になります。我が家もおまるを使いはじめたのがこの頃だったので、おまるを覚えてもらうまで、根気強く繰り返し子どもをおまるに座らせるようにしました。

　しかし、この頃の赤ちゃんなら、一度おまるですることを覚えれば、次第に意識的に出るようになり、自分から教えてくれたり座ろうとしたりするようになります。

　ハイハイやあんよの頃の赤ちゃんへのやり方のコツとして、
① おまるに座らせた時に、絵本を読んであげたり、歌や手遊びなどで気をそらせて、座った状態をキープさせる。
② おまるで成功した時にうんと誉めてあげて、おまるでできると嬉しいと記憶させる。
③ 寝起きでぼんやりしている時に座らせる。
④ おっぱいをあげながら座らせる。
⑤ おまるに大人が座ってみせたり、お気に入りのぬいぐるみを座らせるなどしておまるに興味を持たせる。
　など、試してみてください。

　1つ注意してほしいこととして、赤ちゃんがなかなか覚えてくれなかったり、うまくいかなくても、無理強いしたり怒ったりしない

Part 4　らくらくトイレトレーニング

ように気をつけてください。座るのを嫌がった時も、無理に座らせないようにしてください。恐怖心が身につくと、そのあと座りたがらなくなります。赤ちゃんが、おまるに座ると楽しいとか嬉しいという気持ちにさせてあげられれば、おまるを使うのが楽になります。赤ちゃんが喜んで座ってくれる方法を見つけてみてください。

*—— **ホーローおまるの便座カバー**

　便利で使い勝手のよいホーローおまるですが、1つだけ欠点として、寒い時期に使うと冷たいという問題があります。冬場の寒い時期に、赤ちゃんを直接おまるに座らせると、おしりが冷たくてびっくりしたり、嫌がったりすることもあります。そこで、寒い時期は、おまるに便座カバーをつけてあげてください。

ホーローおまるの便座カバー 　　　　　ホーローおまるのふちに、写真のようにかぶせます。

　以下に、作り方を紹介します。

【ホーローおまるの便座カバーの作り方】
《材料》
・タオル生地やフリース生地など…11cm×75cm
・ゴムテープ5mm幅…38cm×2本
《必要な道具》
　ミシンまたは手縫いの場合は手芸糸と縫い針、裁ちばさみ、ものさし、まち針、チャコペンシルなど

《作り方》

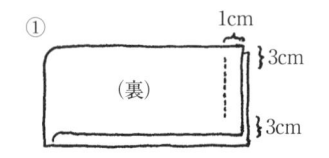

① 生地を裏表にして2つに折って、端から縫いしろ1cmのところを、上下3cmずつ残して縫う。
② 縫いしろを開いて、上下それぞれを1.5cmのところで三つ折りにして、折り返したところを縫う。

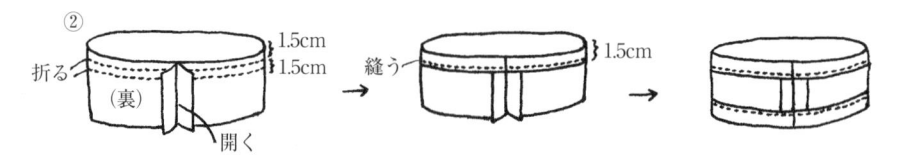

③ 上下にゴムテープを通して、表に返して完成。

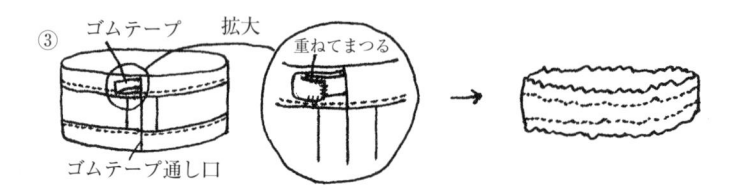

　私は、使い込んで端のほつれたフェイスタオルから生地を取って、リメイクしてみました。使い古しやいらなくなったタオルなどがあれば、ぜひそれを利用して作ってみてください。

※ホーローおまるの便座カバーは、こちらで購入することもできます。
【マザリングマーケット】
http://mothering.jp

＊── ホーローおまる絵本

　ホーローおまるを使いはじめて、娘にどうやっておまるを覚えてもらおうかと模索していた頃、このホーローおまるが描かれている絵本を見つけました。

『うんちがぽとん』
絵・文／アロナ・フランケル　訳／さくまゆみこ（アリス館）

Part 4　らくらくトイレトレーニング

　主人公の男の子がホーローおまるでうんちをするお話です。
　我が家は、この絵本を読み聞かせしながら、実際に絵本のとおりにおまるに座らせて、娘におまるを覚えてもらいました。
　娘は、すっかりこの絵本が気に入って、おまるを覚えてからも、よくこの絵本を手に持っておまるに座っています。
　ちなみに、この主人公の男の子は、おむつなしや裸の姿で登場するシーンもあり、こちらも要チェックです。

＊── 和式のホーローおまる

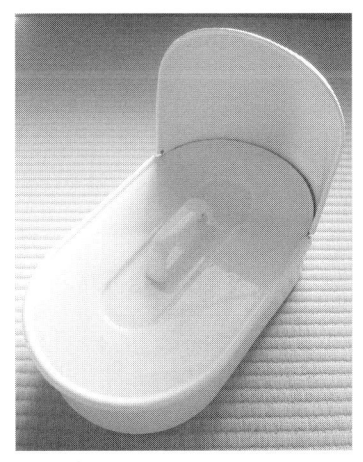

　このおまるは、偶然ガレージセールで見つけた掘り出し物で、ホーローおまるの和式バージョンです。
　ポット型のおまるを購入する前に、これを手に入れたのですが、1歳前後だった娘にはまだ大きくて、またぐことができませんでした。抱えてさせようとしましたがうまくいかず、結局そのまましばらくインテリアになっていました。
　しかし、1歳半を過ぎた頃、久しぶりにこのおまるを出して使わせてみると、上手にまたいでおしっこをしてくれました。これなら、立っちができるようになった男の子が立ったままおしっこをしたり、まだ自分でできない小さい赤ちゃんをママが抱えてさせてあげるのにもよさそうです。 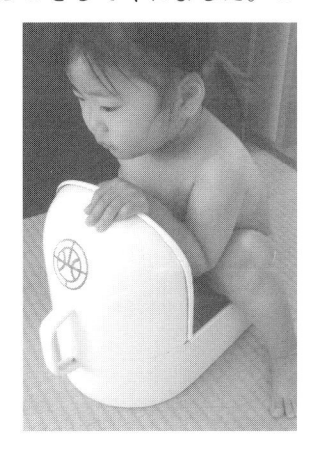
　このおまるは、現在は生産されていないようで、フリマやオークションなどでしか手に入らないものですが、レトロブームのホーローおまる人気で復活する日も近いかもしれません。

ホーローおまる（和式）。このおまるにも蓋と持ち手がついています。

＊── トイレトレーニング

　お母さんも赤ちゃんも、おまるやトイレなど、おむつ以外での排泄に慣れてきたら、日中おむつをはずして（トレーニングパンツ、またはパンツ、寒くなければ裸やノーパンでも）過ごしてみてください。

　ただ、最初のうちはおもらしのほうが多いかもしれません。おまるやトイレでできるようになっても、お母さんが家事に気をとられている時や、子どもも遊びに夢中になっている時に、気がついたら床におもらししてしまうこともあると思います。

　しかし、漏らしてしまったら床をふいてあげればいいだけです。部屋が汚れるから困るとか、洗濯が大変だから嫌というのは親の都合です。おむつ卒業までの通過点だと考えて、おもらしさせないのではなく、漏らしても心配のないように住まいの環境を整えてあげてください。

　家の中で、上手に排泄ができるようになってきたら、近所の買い物やお散歩の時などから少しずつおむつをつけずに出かけてみて、最終的に外出時や夜寝る時もはずせるようにしてみてください。

＊── トレーニングパンツ

　おむつはずしの時期、おむつからパンツに移行する時によく使われるのがトレーニングパンツです。

　これは、股の当て布が何重かになっていて、おしっこがこぼれにくくなっています。市販のものもありますが、手作りすることもできます。ぜひ挑戦してみてください。

　パンツの生地は、綿ジャージー地が履き心地もよくて作りやすいです。

Part 4　らくらくトイレトレーニング

　着なくなった大人のTシャツなどからリメイクすることもできます。また、股の当て布を1枚にして作れば、パンツにすることもできます。ぜひ、子どもが喜んで履きたがるような、かわいいパンツを作ってみてください。

【トレーニングパンツの作り方】

《材料》
- パンツ本体…綿ジャージーやTシャツなど
- 当て布…木綿生地、ネル生地など
- 平織りゴム（ソフトタイプ、5mm幅）…適宜

《必要な道具》

　ミシン、市販の子供用パンツ（型紙を取るため）、カレンダーの裏や包装紙など型紙にする紙、裁ちばさみ、まち針、チャコペンシルなど

《作り方》

① 子どものおむつ（パンツ型）やパンツから型紙を作り、周囲に1cmの縫いしろをつけて布を裁つ。当て布も2～5枚くらい裁つ（枚数は生地の厚さや好みに応じて）。

② 当て布の上下の縫いしろをアイロンで折って、本体と中表に合わせ両脇を縫う（縫いしろ部分は縫わないで残す）。

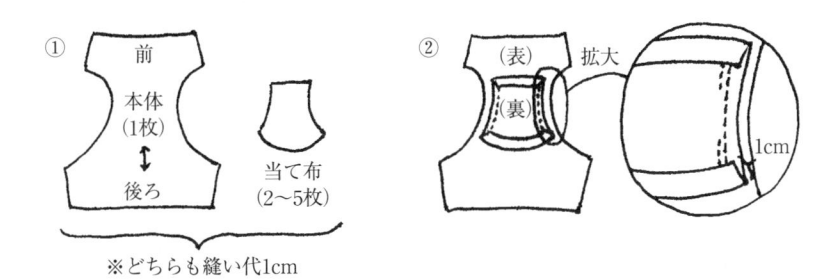

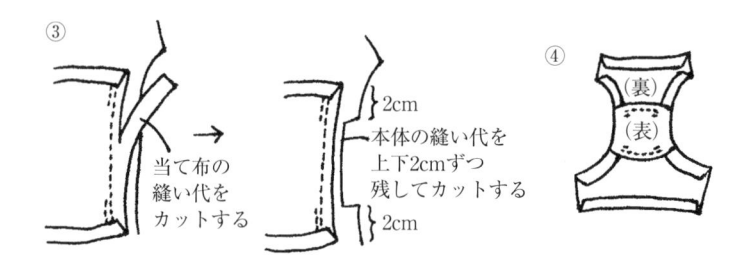

③ 当て布の縫いしろと本体の縫いしろをカットする（本体の縫いしろは上下2cmずつ残す）。
④ 当て布を表に返し、上下を縫う（縫いしろ部分は縫い残す）。本体のウエスト部分と足まわり部分の縫いしろをアイロンで折る。
⑤ 本体を中表に合わせ、折った縫い代をいったん開いて、両脇を縫い合わせる。縫いしろを割ってジグザグミシンをかける。
⑥ ウエスト部分と足まわり部分の縫いしろをジグザグミシンで縫う（0.5cmくらい縫い残してゴム通し口にする）。当て布の両脇を縫う。
⑦ ウエスト部分、足まわり部分にゴムを通して、ゴムの端を縫い合わせる。表に返して完成。

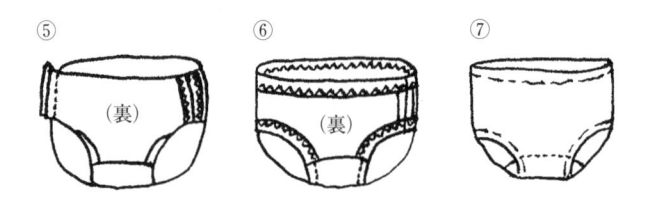

✳︎── 即席トレーニングパンツ

　普通の子ども用パンツを、おむつからパンツの移行期間だけ、即席のトレーニングパンツにするという方法もあります。

　子ども用のパンツとママ用の布ナプキンを用意します。パンツの中に布ナプキンをはさんで留めます（布ナプキンはスナップボタンなどでパンツに留められるタイプのものが最適です）。そうすることで、布ナプキンがおしっこを吸収してくれて、トレ

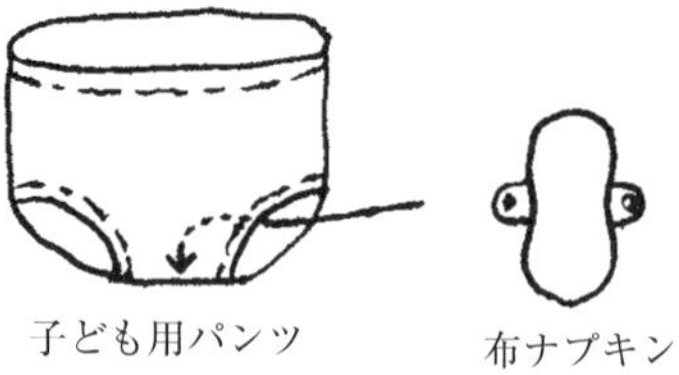

Part 4　らくらくトイレトレーニング

ーニングパンツと同じ役割をしてくれます。
　トレーニングパンツを卒業したら、パンツとして使っていくことができるので、もし家に布ナプキンがあれば、わざわざトレーニングパンツを買うよりも、こちらのほうが安上がりで実用的かもしれません。お試しください。

＊── 布おむつを使い終わったら…
　子どもがおむつを卒業して使わなくなった布おむつは、次の子が生まれた時のためにとっておいたり、これから布おむつを使う予定の人がまわりにいれば、譲ってもよいですし、お母さんの布ナプキンとしても利用してみてはいかがでしょうか。
　布ナプキンとは、使い捨てではなく、洗って繰り返し使う生理用ナプキンのこと。使い方や洗い方は、基本的に布おむつと同じです。
　布おむつと同じように、そのまま折りたたんでショーツに乗せて、あてるだけでもよいですし、厚くておしりがモコモコするのが嫌ならば、切って適当な大きさにしたり、落ちたりずれたりしないか心配であれば、市販のナプキンのような形に縫い直してスナップボタンなどをつけてもOKです。
　ホーローおまるや蓋つきのおまる、バケツなどがあれば、それを使用済みの布ナプキンをつけ置きする容器として使うこともできます。子どもを布おむつで育ててみたら、お母さんもぜひ布ナプキンを使ってみてください。

Part 5
布おむつ育児体験記

知り合いの年輩の方たちから、布おむつを使って子育てをした頃の体験談をうかがいました。
時代や地域によって、また家庭によってもやり方は様々ですが、ご自分のやり方と比較したり、参考にしてみてください。

① 80代、東京都青梅市のおばあちゃんの体験談

昔は、ものがなかったので、着物の反物や浴衣をほどいて縫って、おむつを作りました。1枚の反物から8枚のおむつがとれました。それを20〜30枚用意して、汚れたらその都度、洗濯板で手洗いして干していました。

当時、おむつカバーは高価で買えなかったので、おむつを2枚使って赤ちゃんのおしりにあててひもで留めたり（右写真参照）、毛のセーターを切って、腰に巻いてカバーの代わりにしました。毛は水をはじくのですが、古くなった毛糸のセーターは目がつまっていて水を通しにくく、おむつカバーにするのに最適でした。おしっこが多い時は、濡れることもありましたが、これで間に合いました。

3人の子どもたちは、皆、1〜2歳までの間におむつをはずしました。

② 87歳、東京都あきる野市の農家のおばあちゃんの体験談

おむつは浴衣の古くなったもので作りました（数は覚えていませんが、たくさん用意したそうです）。

汚れたおむつは石けんで洗って、長い竿に干していました。おむつは一度に3枚（横に2枚重ね、その真ん中から手前に縦に1枚敷いて、その上に赤ちゃんを寝かせます）使いました。赤ちゃんは寝ている状態なので、おむつは特に留めたりせずに、そのまま巻きつけるだけ、またはひもでしばって固定させました（75ページ写真参照）。

Part 5　布おむつ育児体験記

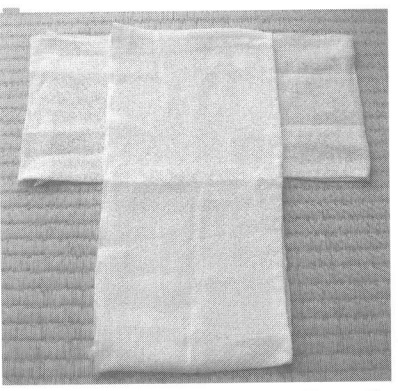

横に2枚重ね、その真ん中から縦に1枚敷きます。

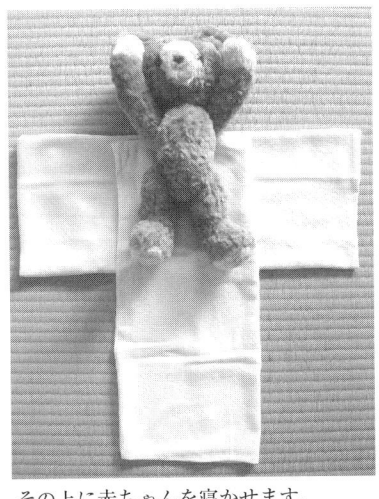

その上に赤ちゃんを寝かせます。

巻きつけるだけ、またはその上からひもでしばって固定しました。

　おむつのカバーというものは特になく、古くなった毛糸のセーターをほどいて、長方形に長く編んで、おむつの上から腰巻きのようにしてつけたりもしていました。

　おまるはなく、トイレに連れていったり、縁側から庭に連れていって、そのまま土の上にさせたりもしていました。子どもは7人いたので、いつ頃おむつをはずしたかは、はっきりと覚えていませんが、皆、夏の時期にはずしていたと思います。

ちなみに、おばあちゃんの末の娘さん（50代）にも話をうかがったところ、現在と同じようなウール製のマジックテープ式のおむつカバーにさらしの輪おむつ、その上にクッキングペーパーのような紙やガーゼ（うんちの処理を楽にするため）を敷いて使ったそうです。

③ 77歳、東京都あきる野市のおばあちゃんの体験談

2人の子ども（現在44歳、43歳）を布おむつで育てました。

おむつは、妊娠中に同居していた姑（しゅうとめ）に、使い古した浴衣や布団のカバーのきれいな部分で作るように言われ、縫って作りました。

産後に入院中、まわりの人は浴衣で作ったおむつを用意して使っていましたが、自分はその時、布団のカバーで作ったおむつしか持っておらず、はずかしい思いをしました。

おむつのあて方は、さらし1枚を長方形にたたんであてて、腰のあたりをひもでしばったり（＊図1）、さらし2枚をT字に重ねて巻きつけたり（＊図2）しました。あて方は、男女とも同じでした。

当時、市販のおむつカバーというものは手に入らなかったので、いらなくなった毛糸のセーターで（毛は水をはじくので）おむつのカバーのようなものを作っていました（＊図3）。

まず、セーターのお腹の部分を切ってゴムを入れて縫ってパンツのような形のカバーができます。これは、女性の生理用のショーツ（中に布きれや脱脂綿をはさんで）にもしていました。

それから、腕の部分を左右それぞれ切って折って、ひもを通してカバー代わりに使っていました。このようにして、1つのセーターから、3つのカバーが作れました。

＊図1
(1) さらしの輪おむつを縦に半分にたたみます。
(2) おむつを赤ちゃんのおしりに沿わせて、腰の位置をひもでしばって前後を折り返します。

＊図2
(1) 輪おむつ2枚を縦に半分にたたんでT字に重ねます。
(2) おむつを赤ちゃんのおしりに沿わせて(①)、左右の部分も腰に巻きつけて(②)、ひもでしばります。

Part 5　布おむつ育児体験記

＊図1

(1)　(2)

＊図2

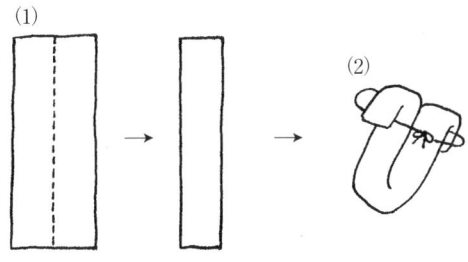

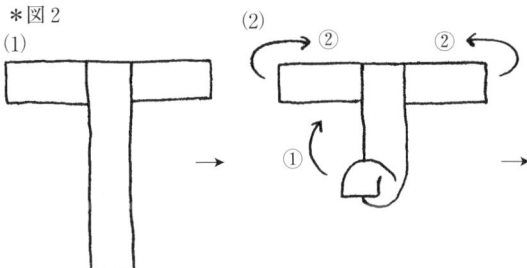

(1)　(2)　①　②　②

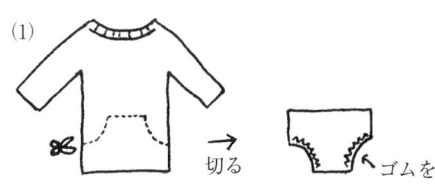

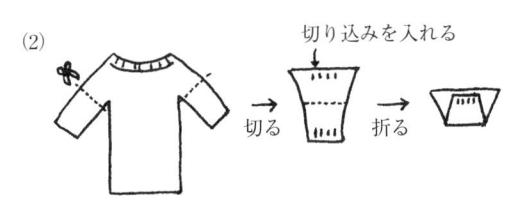

＊図3

(1)　切る　ゴムを入れる

(2)　切り込みを入れる　切る　折る

＊図3
(1) セーターの胴の部分を切って、股になる部分を縫って足まわりにゴムを入れて、パンツ型にします。
(2) 腕の部分を切って開いて、半分に折って、切り込みにひもを通して結んで使います。左右で同じものが2つ作れます。

④ 81歳、東京都立川市のおばあちゃんの体験談

　おむつは一度に2枚用意して、1枚を三角に折り、もう1枚を正方形にしてその上に重ねて、女の子は後ろ側を厚く、男の子は前側を厚くしてあてていました。

　おむつカバーは、市販のゴム製のものを使用していました。おむつは、おむつ用の反物（1反から6枚取りました）を3つ買ってきて、輪型に縫って作り、これを使い回していました。

　汚れたらその都度、洗濯板と石けんで手洗いしていましたが、忙しい時は2〜3枚まとめて洗いました。

　冬場は干したおむつが凍ってしまったり、梅雨時はおむつがなかなか乾かず大変でした。

　おまるはホーロー製（和式トイレ型）のものを使っていました（67ページ「和式のホーローおまる」参照）。おまるは、子どもが動きはじめて、自分でトイレを教えてくれるようになってから使いました。子どもはまだ自分でしゃがんではできないので、支えてあげてさせました。

　3人の子どもは、1歳を過ぎた夏頃におむつをはずしました。

⑤ 私の母（52歳）の体験談

　出産前に、産院の母親学級で布おむつの使い方を教わり、入院中から布おむつを使いはじめました。

　当時は紙おむつが出はじめたばかりの頃で、まだまわりでも布おむつを使っている人のほうが多かったです。

　紙おむつは一度も買ったことはないのですが、出産祝いなどでもらったものがあったので何回か使ってみました。しかし、赤ちゃんのおしりが赤くかぶれてしまって、あまりよいと思わなかったので、それきりで使うのはやめました。

　布おむつは、国産メーカーのウール素材のおむつカバーを使って、さらしの反物から自分で縫って輪おむつを作りました（ドビー織りの生地もありましたが、高価だったので、さらしを選びました）。

　当時は、まわりの人たちもたいてい1歳半頃にはおむつをはずしていて（紙おむつもまだ今より耐久性が低くお金もかかるので、早くはずしたほうがよいという感じでした）、売っている布おむつの

Part 5　布おむつ育児体験記

カバーも大きいサイズは見かけませんでした。その頃は、おむつよりもトレーニングパンツのほうが種類や数もたくさんありました。

　自分の母親や2世帯で住んでいたお姑さんにも、「（まわりにいつまでもおむつを干しているのを見られるのはみっともないので）おむつは早くはずしなさい」と言われていたので、生後10か月頃にはトイレトレーニングをはじめて、1歳になる頃にはおむつははずしてしまいました。

　子どもが自分で教えてくれるようになったので（「うーん」とか「しー」とか）自然にはずすことができました。

　トイレに補助便座をつけてそこでさせたり、縁側から子どもをかかえて庭にさせたりもしました（2歳下の弟も同じようにしたそうですが、弟は夜のおねしょがなかなか直らず、おむつをはずすのにもう少し時間がかかったそうです）。

　おむつは2枚重ねにして産院で教わったやり方でギャザーをつけてあてていました（25・26ページ「布おむつのあて方②」参照）。

　2年後に弟が生まれた時は、もうまわりでも紙おむつを使っている人のほうが多くなっていました。布おむつでも、外出中や夜は紙おむつにしている人もいました。ちょうど、布おむつから紙おむつに移り変わっていく頃だったようです。

　自分の母親（祖母）が子育てをした時代（昭和30年頃）は、ビニール製のおむつカバーが主流でした。その布おむつは長方形でひもがついていて、腰巻きのような形をしていて、濡れなければいいという感じの粗末なものだったようです（＊図4）。

　昭和30年代は、おむつはまだ浴衣の古いものから作ったものが多く、子どもの頃は、赤ちゃんのいる家庭ではどこでも浴衣のおむつを干す光景が当たり前に見られたそうです。

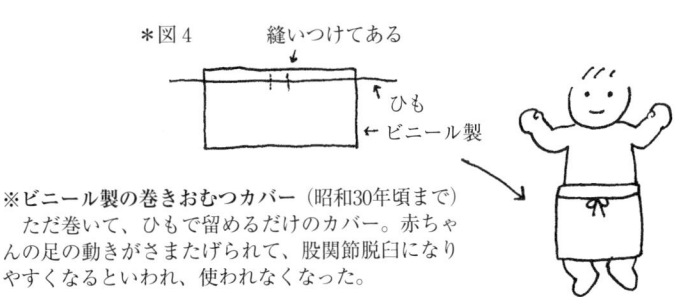

＊図4　縫いつけてある　←ひも　←ビニール製

※ビニール製の巻きおむつカバー（昭和30年頃まで）
　ただ巻いて、ひもで留めるだけのカバー。赤ちゃんの足の動きがさまたげられて、股関節脱臼になりやすくなるといわれ、使われなくなった。

【付録】手作りおむつカバー型紙サンプル① マジックテープ式

※このサンプルを使用される場合は、300%拡大コピーしてください

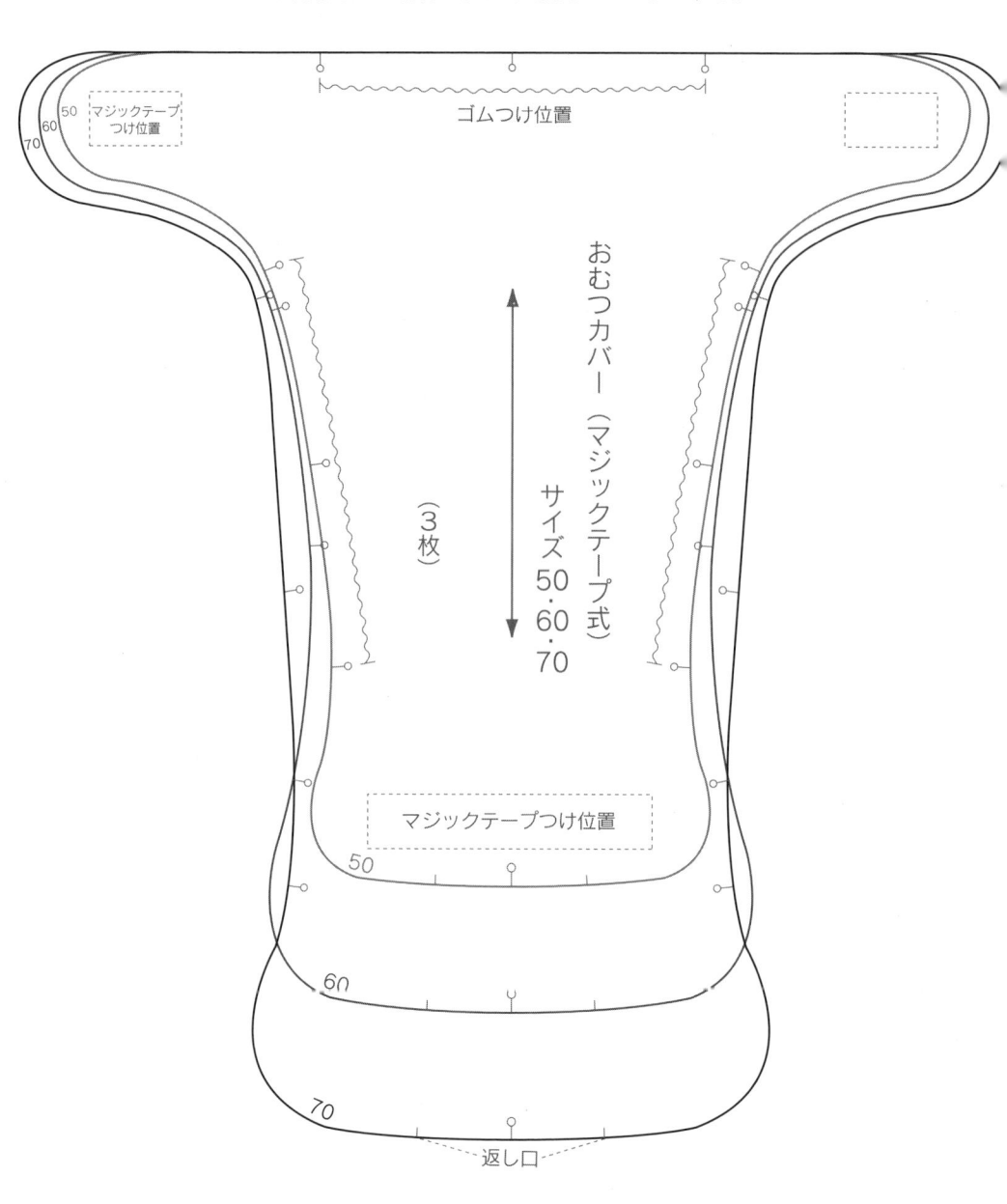

【付録】手作りおむつカバー型紙サンプル② スナップボタン式

※このサンプルを使用される場合は、300%拡大コピーしてください

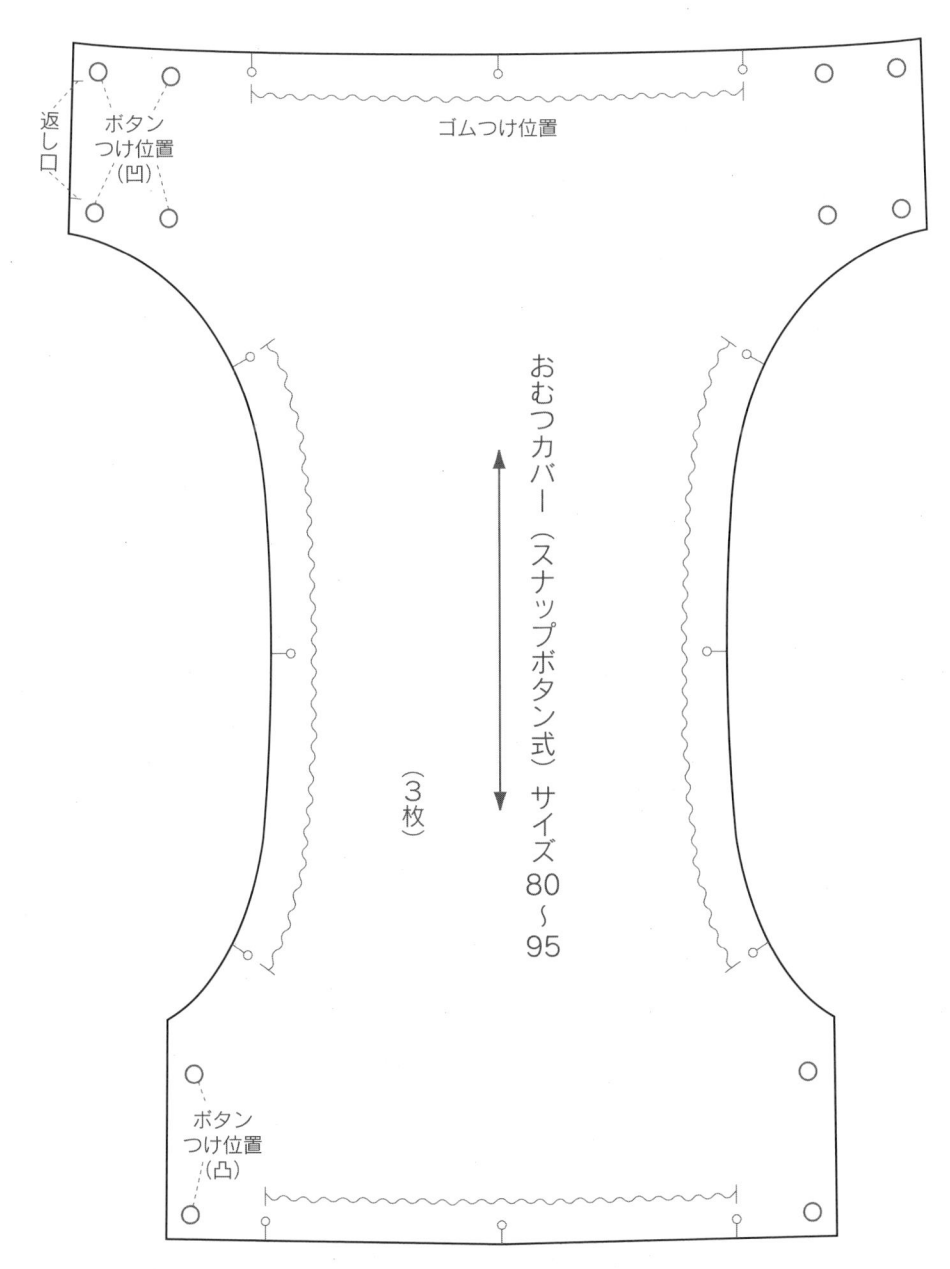

返し口

ボタンつけ位置(凹)

ゴムつけ位置

おむつカバー（スナップボタン式）サイズ80〜95

（3枚）

ボタンつけ位置(凸)

おわりに

　自分が子どもを布おむつで育てようと決めた時に、育児書や育児雑誌などを見ても、布おむつに関する情報が少ないことに気づきました。娘の布おむつ育児も終了した頃、自分のやってきたことや調べたことなどを、これから布おむつで育児をはじめたいという方のために紹介できたらと思い、家族や出版社の方々の協力を得て、文章にして1冊の本にまとめてみました。
　近年、エコブームやレトロブームなどで、昔ながらのものが見直され、布おむつに興味を持つ人も増えているそうです。また、節約のためやファッションの一部として、布おむつを選択する人も増えてきています。環境のためにも、赤ちゃんのためにも、一時の流行で終わらずに、再び布おむつを干す光景があちこちで見られるような時代になることを願ってやみません。
　この本が、皆さまの布おむつ育児のお役に立てれば幸いです。

【参考文献】
『自然流育児のすすめ』真弓定夫／地湧社
『自然育児・裸育児』谷口祐司／文園社
『やめて良かった紙オムツ』谷口祐司／文園社
『トコトンやさしいプラスチックの本』本山卓彦・平山順一／日刊工業新聞社
『猛毒ダイオキシンから子どもを守る100の知恵』宮田秀明・子育てと環境を考える会／主婦の友社
『自然流「せっけん」読本』森田光徳／農文協
『ナチュラル・ランドリー』佐光紀子／ブロンズ新社
『おむつは1歳半で卒業できる』永野美早紀／文芸社
『きものリフォームnewスタイルブック』渡部サト／永岡書店
『和ごころ布生活』茶原真佐子、浜口美穂、村瀬結子／風媒社
『和裁の独習書』主婦と生活社編／主婦と生活社

【参考にさせていただいたホームページ】
「日本衛生材料工業連合会」
http://www.jhpia.or.jp/index.html

【ぬいぐるみ協力】
「Pickles's Teddybear」
http://www.wa.commufa.jp/~kei/pickles/

著者プロフィール

アズマ カナコ（あずま かなこ）

1979年生まれ。東京農業大学卒業。
学生の頃から、食と農、自然な暮らしや昔ながらの暮らしに関心があり、出産を機に、自然育児にまで興味が広がる。
2006年生まれの子どもを布おむつのみで育て、1歳半でおむつを完全に卒業させる。
現在「よなべ工房」という名前で活動し、おむつカバーを製作したり、使い方を紹介して布おむつの普及につとめている。
趣味は、野菜づくり、保存食づくり、布小物づくりなど。
車を持たず、移動は主に自転車を愛用。普段は畑で子どもと過ごし、昭和30年代に建てられた日本家屋で家族と暮らしている。

【「布オムツとこだわり育児日記」URL】
http://kodawariomutu.web.fc2.com/

布おむつで育ててみよう

2009年6月15日　初版第1刷発行
2012年3月10日　初版第6刷発行

著　者　アズマ　カナコ
発行者　瓜谷　綱延
発行所　株式会社文芸社
　　　　〒160-0022　東京都新宿区新宿1-10-1
　　　　　　　電話　03-5369-3060（編集）
　　　　　　　　　　03-5369-2299（販売）

印刷所　株式会社フクイン

Ⓒ Kanako Azuma 2009 Printed in Japan
乱丁本・落丁本はお手数ですが小社販売部宛にお送りください。
送料小社負担にてお取り替えいたします。
ISBN978-4-286-06907-4